AF628459

Selma Lagerlöf

Das heilige Licht

Osterlegenden

Selma Lagerlöf

Das heilige Licht

Osterlegenden

MIT BILDERN VON

Sieger Köder

benno

Bibliografische Information der Deutschen Nationalbibliothek
Die Deutsche Nationalbibliothek verzeichnet diese Publikation in der Deutschen Nationalbibliografie; detaillierte bibliografische Daten sind im Internet unter http://dnb.d-nb.de abrufbar.

Bildnachweis
S. 6: Sieger Köder, Labyrinth und Rose
S. 11: Sieger Köder, Veronika. Kreuzweg Rosenberg
S. 55: Sieger Köder, Er trug sein Kreuz. Kreuzweg Bensberg
S. 63: Sieger Köder, Verleugnung
S. 75: Sieger Köder, Am Abend des Ostertages
S. 106/107: Sieger Köder, Der gute Hirte

Alle Bilder von Sieger Köder:
© Sieger Köder-Stiftung Kunst und Bibel, Ellwangen
www.verlagsgruppe-patmos.de/rights/abdrucke

Besuchen Sie uns im Internet:
www.st-benno.de

Gern informieren wir Sie unverbindlich und aktuell auch in unserem Newsletter zum Verlagsprogramm, zu Neuerscheinungen und Aktionen.
Einfach anmelden unter www.vivat.de.

ISBN 978-3-7462-6254-3

© St. Benno Verlag GmbH, Leipzig
Umschlaggestaltung: Ulrike Vetter, Leipzig
Titelbild: Sieger Köder, Das Glaubensbekenntnis. Glasfenster Heilig Geist, Ellwangen
Gesamtherstellung: Arnold & Domnick, Leipzig (A)

FSC
www.fsc.org
MIX
Papier | Fördert gute Waldnutzung
FSC® C014138

Inhaltsverzeichnis

Das Schweißtuch der heiligen Veronika

I

In einem der letzten Jahre der Regierung des Kaisers Tiberius begab es sich, dass ein armer Winzer und sein Weib sich in einer einsamen Hütte hoch oben in den Sabiner Bergen niederließen. Sie waren Fremdlinge und lebten in der größten Einsamkeit, ohne je den Besuch eines Menschen zu empfangen. Aber eines Morgens, als der Arbeiter seine Tür öffnete, fand er zu seinem Erstaunen eine alte Frau, die zusammengekauert auf der Schwelle saß. Sie war in einen schlichten grauen Mantel gehüllt und sah aus, als wäre sie sehr arm. Und dennoch erschien sie ihm, als sie sich erhob und ihm entgegentrat, so Ehrfurcht gebietend, dass er daran denken musste, was die Sagen von Göttinnen erzählen, die in der Gestalt einer alten Frau die Menschen heimsuchen.

„Mein Freund", sagte die Alte zu dem Winzer, „wundere dich nicht darüber, dass ich heute Nacht auf deiner Schwelle geschlafen habe. Meine Eltern haben in dieser Hütte gewohnt, und hier wurde ich vor fast neunzig Jahren geboren. Ich hatte erwartet, sie leer und verlassen zu finden. Ich wusste nicht, dass aufs Neue Menschen Besitz davon ergriffen hatten."

„Ich wundere mich nicht, dass du glaubtest, dass eine Hütte, die so hoch zwischen diesen einsamen Felsen liegt, leer und verlassen stehen würde", sagte der Winzer. „Aber ich und mein Weib, wir sind aus einem fernen Lande, und wir armen Fremdlinge haben keine bessere Wohnstätte finden können. Und dir, die nach der langen Wanderung, die du in deinem hohen Alter unternommen hast, müde und hungrig sein muss, dürfte es willkommener sein, dass die Hütte von Menschen bewohnt ist anstatt von den Wölfen der Sabiner Berge. Du findest jetzt doch ein Bett drinnen, um darauf zu ruhen, sowie eine Schale Ziegenmilch und einen Laib Brot, wenn du damit vorliebnehmen willst." Die Alte lächelte ein wenig, aber dieses Lächeln war so flüchtig, dass es den Ausdruck schweren Kummers nicht zu zerstreuen vermochte, der auf ihrem Gesicht ruhte. „Ich habe meine ganze Jugend hier oben in den Bergen verlebt", sagte sie. „Ich habe die Kunst noch nicht verlernt, einen Wolf aus seiner Höhle zu vertreiben." Und sie sah wirklich so stark und kräftig aus, dass der Arbeiter nicht daran zweifelte, dass sie trotz ihres hohen Alters noch Stärke genug besäße, um es mit den wilden Tieren des Waldes aufzunehmen. Er wiederholte jedoch sein Anerbieten, und die Alte trat in die Hütte ein. Sie ließ sich zu der Mahlzeit der armen Leute nieder und nahm ohne Zögern daran teil. Aber obgleich sie sehr zufrieden damit schien, grobes in Milch aufgeweichtes Brot essen zu dürfen, dachten doch der Mann und die Frau: Woher kann diese alte Wandrerin kommen? Sie hat gewiss öfter Fasane von Silberschüsseln gespeist, als Ziegenmilch aus irdenen Schalen getrunken. Zuweilen erhob sie die Augen vom Tische und sah sich um, als wolle sie versuchen, sich wieder in der Hütte zurechtzufinden. Die dürftige Behausung mit den nackten Lehmwänden und dem gestampften Boden war sicherlich nicht sehr verändert. Sie zeigte sogar ihren Wirtsleuten, dass an der Wand noch ein paar Spuren von Hunden und Hirschen sichtbar waren, die ihr Vater dorthin gezeichnet hatte, um seinen kleinen Kindern eine Freude zu machen. Und hoch oben auf einem Brett glaubte sie die Scherben eines Tongefäßes zu sehen, in das sie selbst einst Milch zu melken pflegte. Aber der Mann und sein Weib dachten bei sich selbst: Es mag freilich wahr sein, dass sie in dieser Hütte geboren ist, aber sie hat doch im Leben so manches andere zu bestellen gehabt als Ziegen melken und Butter und Käse bereiten. Sie merkten auch, dass sie oft mit ihren Gedanken weit weg war und dass sie jedes Mal, wenn sie wieder zu sich selbst zurückkam, schwer und kummervoll seufzte. Endlich erhob sie sich von der Mahlzeit. Sie dankte freundlich für die Gastfreundschaft, die sie genossen hatte, und ging auf die Tür zu. Aber da kam sie dem Winzer so beklagenswert einsam und arm vor, dass er ausrief: „Wenn ich mich nicht irre, war es keineswegs deine Absicht, als du gestern Nacht heraufstiegst, diese Hütte so bald zu verlassen. Wenn du wirklich so arm bist, wie es den Anschein hat, dann wird es wohl deine Meinung gewesen sein, alle die Jahre, die du noch zu leben hast, hierzubleiben. Aber jetzt willst du gehen, weil wir, mein Weib und ich, schon von der Hütte Besitz genommen haben."

Die Alte leugnete nicht, dass er richtig geraten hatte. „Aber diese Hütte, die so viele Jahre verlassen gestanden hat, gehört dir ebenso gut wie mir", sagte sie. „Ich habe kein Recht, dich von hier zu vertreiben." „Es ist aber doch deiner Eltern Hütte", sagte der Winzer, „und du hast sicherlich mehr Anspruch darauf als ich. Wir sind überdies jung, und du bist alt. Darum sollst du bleiben, und wir werden gehen." Als die Alte diese Worte hörte, war sie ganz erstaunt. Sie wendete sich auf der Schwelle um und starrte den Mann an, als wenn sie nicht verstünde, was er mit seinen Worten meinte. Aber nun mischte sich das junge Weib ins Gespräch. „Wenn ich mitzureden hätte", sagte sie zu dem Manne, „würde ich dich bitten, diese alte Frau zu fragen, ob sie uns nicht als ihre Kinder ansehen und uns erlauben will, bei ihr zu bleiben und sie zu pflegen. Welchen Nutzen hätte sie davon, wenn wir ihr diese elende Hütte schenkten und sie dann allein ließen? Es wäre furchtbar für sie, einsam in der Wildnis zu hausen. Und wovon sollte sie leben? Es wäre dasselbe, als wollten wir sie dem Hungertod preisgeben." Aber die Alte trat auf den Mann und die Frau zu und betrachtete sie prüfend. „Warum sprecht ihr so?", fragte sie. „Warum beweist ihr mir Barmherzigkeit? Ihr seid doch Fremde." Da antwortete ihr die junge Frau: „Darum, weil uns selbst einmal die große Barmherzigkeit begegnet ist."

II

So kam es, dass die alte Frau in der Hütte des Winzers wohnte, und sie fasste große Freundschaft für die jungen Menschen. Aber dennoch sagte sie ihnen niemals, woher sie kam oder wer sie war, und sie begriffen, dass sie es nicht gut aufgenommen hätte, wenn sie sie danach gefragt hätten. Aber eines Abends, als die Arbeit getan war und sie alle drei auf der großen, flachen Felsplatte saßen, die vor dem Eingang lag, und ihr Abendbrot verzehrten, erblickten sie einen alten Mann, der den Pfad heranstieg. Es war ein hoher, kräftig gebauter Mann mit so breiten Schultern wie ein Ringer. Sein Gesicht trug einen düsteren, herben Ausdruck. Die Stirn ragte über den tief liegenden Augen vor, und die Linien des Mundes drückten Bitterkeit und Verachtung aus. Er ging in gerader Haltung und mit raschen Bewegungen. Der Mann trug ein schlichtes Gewand, und der Winzer dachte, sobald er ihn erblickt hatte: Das ist ein alter Legionär, einer, der seinen Abschied aus dem Dienste bekommen hat und nun auf der Wanderung nach seiner Heimat begriffen ist. Als der Fremde an die Essenden herangekommen war, blieb er wie unschlüssig stehen. Der Arbeiter, der wusste, dass der Weg ein kleines Stück oberhalb der Hütte ein Ende hatte, legte den Löffel nieder und rief ihm zu: „Hast du dich verirrt, Fremdling, dass du hierher zu dieser Hütte kommst? Niemand pflegt sich die Mühe zu machen, hier heraufzuklettern, es sei denn, er hätte eine Botschaft an einen von uns, die wir hier wohnen.“ Während er so fragte, trat der Fremdling näher. „Ja, es ist so, wie du sagst“, antwortete er, „ich habe den Weg verloren, und jetzt weiß ich nicht, wohin ich meine Schritte lenken soll. Wenn du mich hier ein Weilchen ruhen lässt und mir dann sagst, welchen Weg ich gehen muss, um zu einem Landgut zu kommen, will ich dir dankbar sein.“ Mit diesen Worten ließ er sich auf einem der Steine nieder, die vor der Hütte lagen. Die junge Frau fragte ihn, ob er nicht an ihrer Mahlzeit teilnehmen wolle, doch dies lehnte er mit einem Lächeln ab. Hingegen zeigte es sich, dass er sehr geneigt war, mit ihnen zu plaudern, indes sie aßen. Er fragte die jungen Menschen nach ihrer Lebensweise und ihrer Arbeit, und sie antworteten ihm fröhlich und rückhaltlos. Aber auf einmal wendete sich der Arbeiter an den Fremden und begann ihn auszufragen: „Du siehst, wie abgeschieden und einsam wir leben“, sagte er. „Es ist wohl schon ein Jahr her, seit ich mit anderen als Hirten und Winzern gesprochen habe. Kannst du, der ja wohl aus einem Feldlager kommt, uns nicht ein wenig von Rom und vom Kaiser erzählen?“ Kaum hatte der Mann dies gesagt, als die junge Frau merkte, wie die Alte ihm einen warnenden Blick zuwarf und mit der Hand das Zeichen machte, das bedeutet, man möge wohl auf seiner Hut sein mit dem, was man sage. Der Fremdling antwortete dann aber ganz freundlich: „Ich sehe, dass du mich für einen Legionär hältst, und du hast wirklich nicht so ganz unrecht, obgleich ich schon vor langer Zeit den Dienst verlassen habe. Unter der Regierung des Tiberius hat es nicht viel Arbeit für uns Kriegsleute gegeben. Und er war doch einmal ein großer Feldherr. Das war die Zeit seines Glückes. Jetzt hat er nichts anderes im Sinn, als sich vor Verschwörungen zu hüten. In Rom sprechen alle Menschen davon, dass er vorige Woche, nur auf den allerleisesten Verdacht hin, den Senator Titius greifen und hinrichten ließ.“

„Der arme Kaiser, er weiß nicht mehr, was er tut“, rief die junge Frau. Sie rang die Hände und schüttelte bedauernd und staunend das Haupt.
„Du hast wirklich recht“, sagte der Fremdling, während ein Zug tiefster Düsterkeit über sein Gesicht ging. „Tiberius weiß, dass alle Menschen ihn hassen, und dies treibt ihn noch zum Wahnsinn.“ „Was sagst du da?“, rief die Frau. „Warum sollten wir ihn hassen? Wir beklagen ja nur, dass er nicht mehr ein so großer Kaiser ist wie am Anfang seiner Regierung.“ „Du irrst dich“, sagte der Fremde. „Alle Menschen verachten und hassen Tiberius. Warum sollten sie es nicht? Er ist ja nur ein grausamer, schonungsloser Tyrann. Und in Rom glaubt man, dass er in Zukunft noch unverbesserlicher sein wird als bisher.“ „Hat sich denn etwas ereignet, was ihn zu einem noch ärgern Ungeheuer machen könnte, als er schon ist?“, fragte der Mann. Als er dies sagte, merkte die Frau, dass die Alte ihm abermals ein warnendes Zeichen machte, aber so verstohlen, dass er es nicht sehen konnte. Der Fremdling antwortete freundlich, aber gleichzeitig huschte ein eigentümliches Lächeln um seine Lippen. „Du hast vielleicht gehört, dass Tiberius bis jetzt in seiner Umgebung einen Freund gehabt hatte, dem er vertrauen konnte und der ihm immer die Wahrheit sagte. Alle anderen, die an seinem Hofe leben, sind Glücksjäger und Heuchler, die seine bösen und hinterlistigen Handlungen ebenso preisen wie seine guten und vortrefflichen. Es hat aber doch, wie gesagt, ein Wesen gegeben, das niemals fürchtete, ihn wissen zu lassen, was seine Handlungen wert waren. Dieser Mensch, der mutiger war als Senatoren und Feldherrn, war des Kaisers alte Amme, Faustina.“ „Jawohl, ich habe von ihr reden hören“, sagte der Arbeiter. „Man sagte mir, dass der Kaiser ihr immer große Freundschaft bewiesen habe.“ „Ja, Tiberius wusste ihre Ergebenheit und Treue zu schätzen. Er hat diese arme Bäuerin, die einst aus einer elenden Hütte in den Sabiner Bergen kam, wie seine zweite Mutter behandelt. Solange er selbst in Rom weilte, ließ er sie in einem Hause auf dem Palatin wohnen, um sie immer in seiner Nähe zu haben. Keiner von Roms vornehmen Matronen ist es besser ergangen als ihr. Sie wurde in einer Sänfte über die Straße getragen, und ihre Kleidung war die einer Kaiserin. Als der Kaiser nach Capreae übersiedelte, musste sie ihn begleiten, und er ließ ihr dort ein Landhaus voll Sklaven und kostbaren Hausrat kaufen.“ „Sie hat es wahrlich gut gehabt“, sagte der Mann. Er war es nun, der das Gespräch mit dem Fremden allein weiterführte. Die Frau saß stumm und beobachtete staunend die

Veränderung, die mit der Alten vorgegangen war. Seit dem Kommen des Fremden hatte sie kein Wort gesprochen. Sie hatte ihr sanftes und freundliche Aussehen ganz verloren. Die Schüssel hatte sie von sich geschoben und saß jetzt starr und aufrecht, an den Türpfosten gelehnt und blickte mit strengem, versteinertem Gesicht gerade vor sich hin.

„Es ist des Kaisers Wille gewesen, dass sie ein glückliches Leben genieße", sagte der Fremdling. „Aber trotz aller seiner Wohltaten hat nun auch sie ihn verlassen."

Die alte Frau zuckte bei diesen Worten zusammen, doch die junge legte beschwichtigend die Hand auf ihren Arm. Dann begann sie mit ihrer warmen, milden Stimme zu sprechen. „Ich kann doch nicht glauben, dass die alte Faustina am Hofe so glücklich gewesen ist, wie du sagst", sagte sie, indem sie sich an den Fremdling wendete. „Ich bin gewiss, dass sie Tiberius so geliebt hat, als wenn er ihr eigener Sohn wäre. Ich kann mir denken, wie stolz sie auf seine edle Jugend gewesen ist, und ich kann auch begreifen, welch ein Kummer es für sie war, dass er sich in seinem Alter dem Misstrauen und der Grausamkeit überließ. Sie hat ihn sicherlich jeden Tag ermahnt und gewarnt. Es ist furchtbar für sie gewesen, immer vergeblich zu bitten. Schließlich hat sie es nicht mehr ertragen können, ihn immer tiefer und tiefer sinken zu sehen." Der Fremdling beugte sich überrascht ein wenig vor, als er diese Worte vernahm. Aber das junge Weib sah nicht zu ihm auf. Sie hielt die Augen niederschlagen und sprach sehr leise und demütig.

„Du hast vielleicht recht mit dem, was du von der alten Frau sagst", antwortete er. „Faustina ist am Hofe wirklich nicht glücklich gewesen. Aber es scheint doch seltsam, dass sie den Kaiser in seinem hohen Alter verließ, nachdem sie ein ganzes Menschenleben bei ihm ausgeharrt hatte."

„Was sagst du da?", rief der Mann. „Hat die alte Faustina den Kaiser verlassen?"

„Sie hat sich, ohne dass jemand darum wusste, von Capreae weggeschlichen", sagte der Fremde. „Sie ist ebenso arm gegangen, wie sie gekommen war. Sie hat nichts von allen ihren Schätzen mitgenommen." „Und weiß der Kaiser wirklich nicht, wohin sie gegangen ist?", fragte die junge Frau mit ihrer sanften Stimme.

„Nein, niemand weiß mit Bestimmtheit, welchen Weg die Alte eingeschlagen hat. Man hält es jedoch für wahrscheinlich, dass sie ihre Zuflucht in ihren heimatlichen Bergen gesucht habe." „Und der Kaiser weiß auch nicht, warum sie von ihm fortgegangen ist?", fragte die junge Frau. „Nein, der Kaiser weiß nichts darüber. Er kann doch nicht glauben, dass sie ihn verlassen hat, weil er einmal zu ihr sagte, sie diene ihm, um Lohn und Gaben zu empfangen, sie, wie alle anderen. Sie weiß doch, dass er niemals an ihrer Uneigennützigkeit gezweifelt hat. Er hoffte immer noch, dass sie freiwillig zu ihm zurückkehren würde, denn niemand weiß besser als sie, dass er jetzt ganz ohne Freunde ist."

„Ich kenne sie nicht", sagte das junge Weib, „aber ich glaube doch, dass ich dir sagen kann, warum sie den Kaiser verlassen hat. Diese alte Frau ist hier in diesen Bergen zu Einfachheit und Frömmigkeit erzogen worden, und sie hat sich immer hierher zurückgesehnt. Sicherlich hätte sie dennoch den Kaiser nie verlassen, wenn er sie nicht beleidigt hätte. Aber ich begreife, dass sie nun hiernach, da ihre Lebenstage bald zu Ende gehen müssen, das Recht zu haben meinte, an sich selbst zu denken. Wenn ich eine arme Frau aus den Bergen wäre, hätte ich vermutlich ebenso gehandelt wie sie. Ich hätte mir gedacht, dass ich genug getan hätte, wenn ich meinem Herrn ein ganzes Leben lang gedient habe. Ich wäre schließlich von Wohlleben und Kaisergunst fortgegangen, um meine Seele Ehre und Gerechtigkeit kosten zu lassen, ehe sie sich von mir scheidet, um die lange Fahrt anzutreten."

Der Fremdling blickte die junge Frau trüb und schwermütig an. „Du bedenkst nicht, dass des Kaisers Treiben jetzt schrecklicher werden wird denn je. Jetzt gibt es keinen mehr, der ihn beruhigen könnte, wenn Misstrauen und Menschenverachtung sich seiner bemächtigen. Denke dir dies", fuhr er fort und bohrte seine düsteren Blicke tief in die des jungen Weibes, „in der ganzen Welt gibt es jetzt keinen, den er nicht hasste, keinen, den er nicht verachtete, keinen."

Als er diese Worte bitterer Verzweigung aussprach, machte die Alte eine hastige Bewegung und wendete sich ihm zu, aber die Junge sah ihm fest in die Augen und antwortete: „Tiberius weiß, dass Faustina wieder zu ihm kommt, wann immer er es wünscht. Aber zuerst muss sie wissen, dass ihre alten Augen nicht mehr Laster und Schändlichkeit an seinem Hofe schauen müssen."

Sie hatten sich bei diesen Worten alle erhoben, aber der Winzer und seine Frau stellten sich vor die Alte, gleichsam um sie zu schützen. Der Fremdling sprach keine Silbe mehr, aber er betrachtete die Alte mit fragenden Blicken. Ist das auch dein letztes Wort?, schien er sagen zu wollen. Die Lippen der Alten zitterten, und die Worte wollten sich nicht von ihnen lösen.

„Wenn der Kaiser seine alte Dienerin geliebt hat, so möge er ihr auch die Ruhe ihrer letzten Tage gönnen", sagte die junge Frau. Der Fremde zögerte noch, aber plötzlich erhellte sich sein düsteres Gesicht. „Meine Freunde", sagte er, „was man auch von Tiberius sagen mag, es gibt doch eines, was er besser gelernt hat, als andere, und das ist: verzichten. Ich habe euch nur noch eines zu sagen: Wenn diese alte Frau, von der wir gesprochen haben, diese Hütte aufsuchen sollte, so nehmet sie gut auf! Des Kaisers Gunst ruht über jedem, der ihr beisteht."
Er hüllte sich in seinen Mantel und entfernte sich auf demselben Wege, den er gekommen war.

III

Nach diesem Vorfall sprachen der Winzer und sein Weib nie mehr mit der alten Frau vom Kaiser. Untereinander wunderten sie sich darüber, dass sie in ihrem hohen Alter die Kraft gehabt hatte, allem dem Reichtum und der Macht zu entsagen, an die sie gewohnt war. Ob sie nicht doch bald zu Tiberius zurückkehren wird, fragten sie sich. Sie liebt ihn sicherlich noch. In der Hoffnung, dass dies ihn zur Besinnung bringen und ihn bewegen werde, sich von seiner bösen Handlungsweise zu bekehren, hat sie ihn verlassen.
„Ein so alter Mann wie der Kaiser wird niemals mehr ein neues Leben beginnen", sagte der Arbeiter. „Wie willst du seine große Verachtung der Menschen von ihm nehmen? Wer könnte vor ihn hintreten und ihn lehren, sie zu lieben? Bevor dies geschieht, kann er nicht von seinem Argwohn und seiner Grausamkeit geheilt werden."
„Du weißt, dass es einen gibt, der dies in Wahrheit vermöchte", sagte die Frau. „Ich denke oft daran, wie es wäre, wenn diese beiden sich begegneten. Aber Gottes Wege sind nicht unsere Wege."

Die alte Frau schien ihr früheres Leben gar nicht zu entbehren. Nach einiger Zeit gebar das junge Weib ein Kind, und als die Alte nun dieses zu pflegen hatte, schien sie so zufrieden zu sein, dass man glauben konnte, sie hätte alle ihre Sorgen vergessen. Jedes halbe Jahr einmal pflegte sie sich in den langen grauen Mantel zu hüllen und nach Rom hinunterzuwandern. Aber dort suchte sie keine Menschenseele auf, sondern ging geradewegs zum Forum. Hier blieb sie vor einem kleinen Tempel stehen, der sich auf der einen Seite des herrlich geschmückten Platzes erhob. Dieser Tempel bestand eigentlich nur aus einem außergewöhnlich großen Altar, der unter offenem Himmel auf einem marmorgepflasterten Hofe stand. Auf der Höhe des Altars thronte Fortuna, die Göttin des Glücks, und an seinem Fuße sah man eine Bildsäule des Tiberius. Rund um den Hof erhoben sich Gebäude für die Priester, Vorratskammern für Brennholz und Ställe für die Opfertiere. Die Wanderung der alten Faustina erstreckte sich niemals weiter als bis zu diesem Tempel, den die aufzusuchen pflegten, die um Glück für Tiberius beten wollten. Wenn sie einen Blick hineingeworfen und gesehen hatte, dass die Göttin und die Kaiserstatue mit Blumen bekränzt waren, dass das Opferfeuer loderte und Scharen ehrfürchtiger Anbeter vor dem Altare versammelt waren, und wenn sie vernommen hatte, dass die leisen Hymnen der Priester ringsumher erklangen, dann kehrte sie um und begab sich wieder in die Berge. So erfuhr sie, ohne einen Menschen fragen zu müssen, dass Tiberius noch unter den Lebenden weilte und dass es ihm wohlerging. Als sie diese Wanderung zum dritten Mal antrat, harrte ihrer eine Überraschung. Als sie sich dem kleinen Tempel näherte, fand sie ihn verödet und leer. Kein Feuer flammte vor dem Bilde, und kein einziger Anbeter war davor zu sehen. Ein paar trockene Kränze hingen noch an der einen Seite des Altars, aber dies war alles, was von seiner früheren Herrlichkeit zeugte. Die Priester waren verschwunden, und die Kaiserstatue, die ohne Hüter dastand, war beschädigt und mit Schmutz beworfen. Die alte Frau wendete sich an den ersten Besten, der vorüberging. „Was hat dies zu bedeuten?“, fragte sie. „Ist Tiberius tot? Haben wir einen anderen Kaiser?“ „Nein“, antwortete der Römer, „Tiberius ist noch Kaiser, aber wir haben aufgehört, für ihn zu beten. Unsere Gebete können ihm nicht mehr frommen.“ „Mein Freund“, sagte die Alte, „ich wohne weit von hier in den Bergen, wo man nichts davon erfährt, was sich draußen in der Welt zuträgt. Willst du mir nicht sagen, welches Unglück den Kaiser getroffen hat?“

„Das furchtbarste Unglück", erwiderte der Mann. „Er ist von einer Krankheit befallen worden, die bisher in Italien unbekannt war, die aber im Morgenlande häufig sein soll. Seit diese Seuche über den Kaiser gekommen ist, hat sich sein Gesicht verwandelt, seine Stimme ist wie die Stimme eines grunzenden Tiers, und seine Zehen und Finger werden zerfressen. Und gegen diese Krankheit soll es kein Mittel geben. Man glaubt, dass er in ein paar Wochen tot sein wird, wenn er aber nicht stirbt, so muss man ihn absetzen, denn ein so kranker, elender Mann kann nicht weiter regieren. Du begreifst also, dass sein Schicksal besiegelt ist. Es nützt nichts, die Götter um Glück für ihn anzuflehen. Und es lohnt sich auch nicht", fügte er mit leisem Lächeln hinzu. „Niemand hat von ihm noch etwas zu fürchten oder zu hoffen. Warum sollten wir uns also um seinetwillen Mühe machen?" Er grüßte und ging, doch die Alte blieb wie betäubt stehen.

Zum ersten Mal in ihrem Leben brach sie zusammen und sah aus wie eine, die das Alter besiegt hat. Sie stand mit gebeugtem Rücken und zitterndem Kopfe da und mit Händen, die kraftlos in der Luft tasteten. Sie sehnte sich, von dieser Stelle fortzukommen, aber sie hob die Füße nur langsam und bewegte sich strauchelnd vorwärts. Sie sah sich um, um etwas zu finden, was sie als Stab gebrauchen könnte. Nach einigen Augenblicken gelang es ihr doch, mit ungeheurer Willensanstrengung die Mattigkeit zurückzudrängen. Sie richtete sich wieder empor und zwang sich, mit festen Schritten durch die menschenerfüllten Gassen zu gehen.

IV

Eine Woche später wanderte die alte Faustina die steilen Abhänge der Insel Capreae hinan. Es war ein heißer Tag, und das furchtbare Gefühl des Alters und der Mattigkeit überkam sie wieder, während sie die geschlängelten Pfade und die in die Felsen gehauenen Stufen erklomm, die zu der Villa des Tiberius führten.

Dieses Gefühl steigerte sich noch, als sie zu merken anfing, wie sehr sich alles während der Zeit, die sie fern gewesen war, verändert hatte. Früher waren immer große Scharen von Menschen diese Treppen hinauf- und heruntergeeilt. Es hatte hier von Senatoren gewimmelt, die sich von riesigen Lybiern tragen ließen; von Sendboten aus den Provinzen, die von langen Sklavenzügen geleitet ankamen; von Stellensuchenden und von vornehmen Männern, die eingeladen waren, an den Festen des Kaisers teilzunehmen.

Aber heute waren diese Treppen und Gänge ganz verödet. Die graugrünen Eidechsen waren die einzigen lebenden Wesen, die die alte Frau auf ihrem Wege bemerkte.

Sie staunte, dass alles bereits zu verfallen schien. Die Krankheit des Kaisers konnte höchstens ein paar Monate gedauert haben, und doch war schon Unkraut in den Spalten zwischen den Marmorfliesen emporgewuchert. Edle Gewächse in schönen Vasen waren schon vertrocknet, und mutwillige Zerstörer, denen niemand Einhalt getan hatte, hatten an ein paar Stellen die Balustrade niedergebrochen.

Aber am allerseltsamsten schien ihr doch die völlige Menschenleere. Wenn es auch Fremdlingen verboten war, sich auf der Insel sehen zu lassen, so mussten sie doch wohl noch da sein, diese unendlichen Scharen von Kriegsknechten und Sklaven, von Tänzerinnen und Musikanten, von Köchen und Tafeldeckern, von Palastwachen und Gartenarbeitern, die zum Haushalt des Kaisers gehörten.

Erst als Faustina die oberste Terrasse erreichte, erblickte sie ein paar alte Sklaven, die auf den Treppenstufen vor der Villa saßen. Als sie sich ihnen näherte, erhoben sie sich und neigten sich vor ihr.

„Sei gegrüßt, Faustina“, sagte der eine. „Ein Gott schickt dich, um unser Unglück zu lindern.“

„Was ist dies, Milo?“, fragte Faustina. „Warum ist es hier so öde? Man hat mir doch gesagt, dass Tiberius noch auf Capreae weile?“

„Der Kaiser hat alle seine Sklaven vertrieben, weil er den Verdacht hegt, einer von uns habe ihm vergifteten Wein zu trinken gegeben, und dies habe die Krankheit hervorgerufen. Er hätte auch mich und Tito fortgejagt, wenn wir uns nicht geweigert hätten, ihm zu gehorchen. Und du weißt doch, dass wir unser ganzes Leben lang dem Kaiser und seiner Mutter gedient haben.“

„Ich frage nicht nur nach Sklaven“, sagte Faustina. „Wo sind die Senatoren und Feldherrn? Wo sind des Kaisers Vertraute und alle schmeichelnden Speichellecker?“

„Tiberius will sich nicht mehr vor Fremden zeigen“, sagte der Sklave. „Der Senator Lucius und Marco, der Anführer der Leibwache, kommen jeden Tag her und nehmen seine Befehle entgegen. Sonst darf sich ihm niemand nahen.“

Faustina hatte die Treppe erstiegen, um in das Landhaus einzutreten. Der Sklave schritt ihr voran, und im Gehen fragte sie ihn:

„Was sagen die Ärzte über Tiberius’ Krankheit?“

„Keiner von ihnen versteht diese Krankheit zu behandeln. Sie wissen nicht einmal, ob sie rasch oder langsam tötet. Aber eins kann ich dir sagen, Faustina, dass Tiberius sterben muss, wenn er sich weiter weigert, Nahrung zu sich zu nehmen aus Furcht, dass sie vergiftet sein könnte. Und ich weiß, dass ein kranker Mann es nicht aushalten kann, Tag und Nacht zu wachen, wie der Kaiser tut, aus Angst, im Schlafe ermordet zu werden. Wenn er dir vertrauen will wie in früheren Tagen, wird es dir vielleicht gelingen, ihn zum Essen und Schlafen zu bewegen. Damit kannst du sein Leben um viele Tage verlängern.“

Der Sklave führte Faustina durch mehrere Gänge und Höfe zu einer Terrasse, auf der Tiberius sich aufzuhalten pflegte, um die Aussicht über die schönen Meeresbuchten und den stolzen Vesuv zu genießen.

Als Faustina die Terrasse betrat, sah sie dort ein grausiges Wesen mit aufgeschwollenem Gesicht und tierischen Zügen. Seine Hände und Füße waren mit weißen Binden umwickelt, aber aus den Binden kamen halb abgefressene Finger und Zehen hervor. Und die Kleider dieses Menschen waren staubig und besudelt. Man sah, dass er nicht imstande war, aufrecht zu gehen, sondern über die Terrasse hatte kriechen müssen. Er lag mit geschlossenen Augen am äußersten Ende der Balustrade und regte sich nicht, als der Sklave und Faustina herankamen. Doch Faustina flüsterte dem Sklaven, der ihr voranschritt, zu: „Aber, Milo, wie kann sich ein solcher Mensch hier auf der Kaiserterrasse aufhalten? Eile dich, ihn von hier fortzuschaffen!“

Aber kaum hatte sie dies gesagt, als sie sah, wie der Sklave sich vor dem liegenden, elenden Menschen tief zur Erde neigte.

„Cäsar Tiberius“, sagte er, „endlich habe ich dir frohe Kunde zu bringen.“

Zugleich wendete sich der Sklave an Faustina, prallte aber betroffen zurück und konnte kein Wort mehr hervorbringen.
Er sah nicht mehr die stolze Matrone, die so stark ausgesehen hatte, dass man erwarten konnte, ihr Alter werde dem einer Sibylle gleichkommen. In diesem Augenblick war sie in kraftloser Greisenhaftigkeit zusammengesunken, und der Sklave sah ein gebeugtes Mütterchen mit trübem Blick und tastenden Händen vor sich.
Denn wohl hatte man Faustina gesagt, dass der Kaiser furchtbar verändert sei, aber sie hatte doch keinen Augenblick aufgehört, sich ihn als den kräftigen Mann zu denken, der er gewesen war, als sie ihn das letzte Mal gesehen hatte. Sie hatte auch jemand sagen hören, dass diese Krankheit langsam wirke und dass sie Jahre brauche, um einen Menschen zu verwandeln. Aber hier war sie mit solcher Heftigkeit vorgeschritten, dass sie den Kaiser in wenigen Monden schon unkenntlich gemacht hatte.
Sie wankte auf den Kaiser zu. Sie vermochte nicht zu sprechen, sondern stand stumm neben ihm und weinte.
„Bist du endlich gekommen, Faustina?", sagte er, ohne die Augen zu öffnen. „Ich lag da und wähnte, du stündest hier und weintest über mich. Ich wage nicht aufzublicken aus Furcht, dass dies nur ein Trugbild gewesen sein könnte."
Da setzte sich die Alte neben ihn. Sie hob seinen Kopf empor und bettete ihn in ihren Schoß.
Aber Tiberius blieb still liegen, ohne sie anzusehen. Ein Gefühl süßen Friedens erfüllte ihn, und im nächsten Augenblicke versank er in ruhigen Schlummer.

V

Einige Wochen später wanderte einer der Sklaven des Kaisers der einsamen Hütte in den Sabiner Bergen zu. Der Abend brach an, und der Winzer und seine Frau standen in ihrer Tür und sahen die Sonne im fernen Westen sinken. Der Sklave bog vom Wege ab und kam heran und grüßte sie. Dann zog er einen schweren Beutel hervor, der ihm im Gürtel stak, und legte ihn dem Manne in die Hand. „Dieses schickt dir Faustina, die alte Frau, der du Barmherzigkeit erwiesen hast“, sagte der Sklave. „Sie lässt dir sagen, du mögest dir für dieses Geld einen eigenen Weinberg kaufen und dir eine Wohnung erbauen, die nicht so hoch oben in den Lüften liegt wie die Horste der Adler.“

„Die alte Faustina lebt also wirklich noch?“, sagte der Mann. „Wir haben sie in Klüften und Sümpfen gesucht. Als sie nicht zu uns zurückkehrte, glaubte ich, sie hätte in diesen elenden Bergen den Tod gefunden.“

„Erinnerst du dich nicht“, fiel die Frau ein, „dass ich nicht glauben wollte, dass sie tot sei? Habe ich dir nicht gesagt, sie würde zum Kaiser zurückgekehrt sein?“

„Ja“, gab der Mann zu, „so sagtest du wirklich, und ich freue mich, dass du recht behalten hast, nicht nur weil Faustina dadurch reich genug geworden ist, um uns aus unserer Armut zu retten, sondern auch um des armen Kaisers willen.“

Der Sklave wollte nun sogleich Abschied nehmen, um bewohnte Gegenden zu erreichen, bevor die Dunkelheit anbräche, aber dies ließen die beiden Eheleute nicht zu. „Du musst bis zum Morgen bei uns bleiben“, sagten sie, „wir können dich nicht ziehen lassen, ehe du uns alles erzählt hast, was Faustina widerfahren ist. Warum ist sie zum Kaiser zurückgekehrt? Wie war ihre Begegnung? Sind sie nun glücklich, dass sie wieder vereint sind?“

Der Sklave gab ihren Bitten nach. Er trat mit ihnen in die Hütte, und beim Abendbrot erzählte er von der Krankheit des Kaisers und Faustinas Rückkehr.

Als der Sklave seine Erzählung beendet hatte, sah er, wie der Mann und die Frau regungslos und staunend sitzen blieben. Ihre Blicke waren zu Boden geschlagen, gleichsam, um die Erregung nicht zu verraten, die sich ihrer bemächtigt hatte.

Endlich sah der Mann auf und sagte zu seinem Weibe: „Glaubst du nicht, dass dies eine Fügung Gottes ist?“

„Ja“, sagte die Frau, „sicherlich hat uns der Herr um dessentwillen über das Meer in diese Hütte gesendet. Gewiss war dies seine Absicht, als er die alte Frau an unsere Tür führte.“

Sowie die Frau diese Worte gesprochen hatte, wendete sich der Winzer wieder an den Sklaven.

„Freund“, sagte er zu ihm. „Du sollst Faustina eine Botschaft von mir bringen! Sag ihr dies, Wort für Wort! Solches kündet dir dein Freund, der Winzer aus den Sabiner Bergen. Du hast die junge Frau gesehen, die mein Weib ist. Schien sie dir nicht hold in Schönheit und blühend in Gesundheit? Und doch hat diese junge Frau einmal an derselben Krankheit gelitten, die nun Tiberius befallen hat.“

Der Sklave machte eine Bewegung des Staunens, aber der Winzer fuhr mit immer größerem Nachdruck fort.

„Wenn Faustina sich weigert, meinen Worten Glauben zu schenken, so sag ihr, dass meine Frau und ich aus Palästina in Asien stammen, einem Lande, wo diese Krankheit häufig vorkommt. Und dort ist ein Gesetz, dass die Aussätzigen aus Städten und Dörfern vertrieben werden und auf öden Plätzen wohnen und ihre Zuflucht in Gräbern und Felsenhöhlen suchen müssen. Sage Faustina, dass mein Weib von kranken Eltern stammt und in einer Felsenhöhle geboren wurde. Und solange sie noch ein Kind war, war sie gesund, aber als sie zur Jungfrau heranwuchs, wurde sie von der Krankheit befallen.“

Als der Winzer dies gesagt hatte, neigte der Sklave freundlich lächelnd das Haupt und sagte zu ihm: „Wie willst du, dass Faustina dies glaube? Sie hat ja deine Frau in ihrer Gesundheit und Blüte gesehen? Und sie weiß ja, dass es kein Heilmittel gegen diese Krankheit gibt.“

Doch der Mann erwiderte: „Es wäre das Beste für sie, wenn sie mir glauben wollte. Aber ich bin auch nicht ohne Zeugen. Sie möge Kundschafter hinüber nach Nazaret in Galiläa senden. Da wird jeder Mensch meine Aussage bestätigen!“

„Ist deine Frau vielleicht durch das Wunderwerk eines Gottes geheilt worden?“, fragte der Sklave.

„Ja“, antwortete der Arbeiter, „wie du sagst, so ist es. Eines Tages verbreitete sich ein Gerücht unter den Kranken, die in der Wildnis wohnten: ‚Sehet, es ist

ein großer Prophet erstanden in der Stadt Nazaret in Galiläa. Er ist voll der Kraft von Gottes Geist, und er kann eure Krankheit heilen, wenn er nur seine Hand auf eure Stirn legt.' Aber die Kranken, die in ihrem Elend lagen, wollten nicht glauben, dass dieses Gerücht Wahrheit sei. ‚Uns kann niemand heilen', sagten sie. ‚Seit den Tagen der großen Propheten hat niemand einen von uns aus seinem Unglück retten können.'
Aber es war eine unter ihnen, die glaubte, und diese eine war eine Jungfrau. Sie ging von den anderen fort, um den Weg in die Stadt Nazaret zu suchen, wo der Prophet weilte. Und eines Tages, als sie über weite Ebenen wanderte, begegnete sie einem Manne, der hochgewachsen war und ein bleiches Gesicht hatte und dessen Haar in blanken schwarzen Locken lag. Seine dunklen Augen leuchteten gleich Sternen und zogen sie zu ihm hin. Aber bevor sie sich noch begegneten, rief sie ihm zu: ‚Komm mir nicht nahe, denn ich bin eine Unreine, aber sage mir, wo kann ich den Propheten aus Nazaret finden?' Aber der Mann fuhr fort, ihr entgegenzugehen, und als er dicht vor ihr stand, sagte er: – ‚Warum suchest du den Propheten aus Nazaret?' – ‚Ich suche ihn, auf dass er seine Hand auf meine Stirn lege und mich von meiner Krankheit heile.' Da trat der Mann heran und legte seine Hand auf ihre Stirn. – Aber sie sprach zu ihm: ‚Was frommt es mir, dass du deine Hand auf meine Stirn legst? Du bist doch kein Prophet?' – Da lächelte er ihr zu und sagte: ‚Gehe jetzt zur Stadt, die dort auf dem Bergesabhang liegt, und zeige dich den Priestern.'
Die Kranke dachte bei sich selbst: Er treibt seinen Spott mit mir, weil ich glaube, dass ich geheilt werden kann. Von ihm kann ich nicht erfahren, was ich wissen will. Und sie ging weiter. Gleich darauf sah sie einen Mann, der zur Jagd auszog, über das weite Feld reiten. Als er ihr so nah gekommen war, dass er sie hören konnte, rief sie ihm zu: ‚Komm nicht zu mir her, denn ich bin eine Unreine, aber sage mir, wo ich den Propheten aus Nazaret finden kann.' – ‚Was willst du von dem Propheten?', fragte sie der Mann und ritt langsam auf sie zu. –‚Ich will nur, dass er seine Hand auf meine Stirn lege und mich gesund mache von meiner Krankheit.' Aber der Mann ritt noch näher. – ‚Von welcher Krankheit willst du geheilt werden?', sagte er. ‚Du bedarfst doch keines Arztes.' – ‚Siehst du nicht, dass ich eine Unreine bin?', sagte sie. ‚Ich stamme von kranken Eltern und bin in einer Felsenhöhle geboren.' Aber der Mann ließ sich nicht abhalten, auf sie

zuzureiten, denn sie war hold und lieblich wie eine eben erblühte Blume. – ‚Du bist die schönste Jungfrau im Lande Juda', rief er. ‚Treibe nicht auch du deinen Spott mit mir', sagte sie. ‚Ich weiß, dass meine Züge zerfressen sind und meine Stimme wie das Heulen eines wilden Tieres klingt.' Aber er sah ihr tief in die Augen und sprach zu ihr: ‚Deine Stimme ist klingend wie die Stimme des Frühlingsbächleins, wenn es über Kieselsteine rieselt, und dein Gesicht ist glatt wie ein Tuch aus weicher Seide.'

Zugleich ritt er so nahe an sie heran, dass sie ihr Gesicht in den blanken Beschlägen sehen konnte, die seinen Sattel zierten. ‚Du sollst dich hier spiegeln', sagte er. Sie tat es, und sie sah ein Gesicht, das zart und weich war, wie ein eben entfalteter Schmetterlingsflügel. – ‚Was ist dies, was ich sehe?', sagte sie. ‚Das ist nicht mein Gesicht.' ‚Doch, es ist dein Gesicht', sagte der Reiter. – ‚Aber meine Stimme, klingt sie nicht röchelnd? Klingt sie nicht, wie wenn Wagen über einen steinigen Weg gezogen werden?' – ‚Nein, sie klingt wie die süßesten Weisen eines Harfenspielers', sagte der Reiter.

Sie wendete sich und wies über den Weg. ‚Weißt du, wer der Mann ist, der eben jetzt zwischen den zwei Eichen verschwindet?', fragte sie den Reiter. ‚Er ist es, nach dem du vorhin fragtest, der Prophet aus Nazaret', sagte der Mann. Da schlug sie staunend die Hände zusammen, und ihre Augen füllten sich mit Tränen. ‚Oh, du Heiliger! Oh, du Träger von Gottes Macht!', rief sie. ‚Du hast mich geheilt!' Aber der Reiter hob sie in den Sattel und führte sie zu der Stadt auf dem Bergesabhang und ging mit ihr zu den Ältesten und Priestern und berichtete ihnen, wie er sie gefunden hatte. Sie befragten ihn genau nach allem, aber als sie hörten, dass die Jungfrau in der Wildnis von kranken Eltern geboren war, da wollten sie nicht glauben, dass sie geheilt sei. ‚Gehe dorthin zurück, von wo du gekommen bist', sagten sie. ‚Wenn du krank warst, musst du es dein ganzes Leben lang bleiben. Du sollst nicht hierher in die Stadt kommen, um uns andere mit deiner Krankheit anzustecken!'

Sie sagte zu ihnen: ‚Ich weiß, dass ich gesund bin, denn der Prophet aus Nazaret hat seine Hand auf meine Stirn gelegt.'

Als sie dies hörten, riefen sie: ‚Wer ist er, dass er die Unreinen rein machen könnte? Alles dies ist ein Blendwerk böser Geister. Kehre zurück zu den Deinen, auf dass du nicht uns alle ins Verderben stürzest!'

Sie wollten sie nicht für geheilt erklären, und sie verboten ihr, in der Stadt zu verweilen. Sie verordneten, dass jeglicher, der ihr Schutz gewähre, gleichfalls als unrein erklärt werde.
Als die Priester dieses Urteil gefällt hatten, sagte die junge Jungfrau zu dem Manne, der sie draußen auf dem Felde gefunden hatte: ‚Wohin soll ich mich wenden? Muss ich zurück in die Wildnis zu den Kranken gehen?'
Aber der Mann hob sie wieder auf sein Pferd und sprach zu ihr: ‚Nein wahrlich, du sollst nicht zu den Kranken in ihre Felshöhlen gehen, sondern wir beide wollen fortziehen, über das Meer in ein anderes Land, wo es nicht Gesetze gibt für Reine und Unreine.' Und sie ..."
Aber als der Winzer in seiner Erzählung so weit gekommen war, erhob sich der Sklave und fiel ihm in die Rede. „Du brauchst mir nichts mehr zu erzählen", sagte er. „Stehe lieber auf und führe mich ein Stück Weges, du, der die Berge kennt, damit ich noch in dieser Nacht meine Heimfahrt antreten kann und nicht bis zum Morgen zu warten brauche. Der Kaiser und Faustina können deine Nachrichten nicht einen Augenblick zu früh erfahren."
Als der Winzer dem Sklaven das Geleit gegeben hatte und wieder in die Hütte heimkam, fand er seine Frau noch wach.
„Ich kann nicht schlafen", sagte sie, „ich denke daran, dass diese beiden sich begegnen werden. Er, der alle Menschen liebt, und er, der sie hasst. Es ist, als müsste diese Begegnung die Welt aus ihrer Bahn schleudern."

VI

Die alte Faustina war in dem fernen Palästina, auf dem Wege nach Jerusalem. Sie hatte nicht gewollt, dass der Auftrag, den Propheten zu suchen und ihn zum Kaiser zu führen, einem anderen als ihr anvertraut werde. Sicherlich hatte sie bei sich selbst gedacht: Was wir von diesem fremden Manne verlangen, ist etwas, was wir ihm weder durch Gewalt noch durch Gaben entlocken können. Aber vielleicht gewährt er es uns, wenn jemand ihm zu Füßen fällt und ihm sagt, in welcher Not sich der Kaiser befindet. Und wer kann die rechte Fürbitte für Tiberius tun, wenn nicht die, die unter seinem Unglück ebenso schwer leidet wie er selbst.

Die Hoffnung, Tiberius vielleicht retten zu können, hatte die alte Frau verjüngt. Ohne Schwierigkeit hatte sie die lange Seereise nach Joppe überstanden, und auf der Fahrt nach Jerusalem bediente sie sich nicht eines Tragsessels, sondern sie ritt. Sie schien die beschwerliche Reise ebenso leicht zu ertragen wie die edlen Römer, die Krieger und die Sklaven, die ihr Gefolge bildeten.

Diese Fahrt von Joppe nach Jerusalem erfüllte das Herz der alten Frau mit Freude und lichter Hoffnung. Es war die Zeit des Frühlings, und die Ebene von Saron, die sie auf der ersten Tagesreise durchritten hatten, war ein einziger leuchtender Blumenteppich gewesen. Auch auf der Fahrt des zweiten Tages, als sie in die Berge von Judäa eindrangen, verließen die Blumen sie nicht. Alle die vielförmigen Hügel, zwischen denen der Weg sich durchschlängelte, waren mit Obstbäumen bepflanzt, die in reichster Blüte standen. Und wenn die Reisenden es müde wurden, die weißrosigen Blüten der Aprikosen und Pfirsichbäume zu betrachten, konnten sie ihre Augen erquicken, indem sie sie auf dem jungen Weinlaub ruhen ließen, das aus den schwarzbraunen Reben hervorquoll und dessen Wachstum so rasch war, dass man es mit den Augen verfolgen zu können meinte.

Aber nicht nur Blumen und Frühlingsgrün machten die Wanderung lieblich. Der größte Reiz wurde ihr von allen den Menschenscharen verliehen, die an diesem Morgen auf dem Wege nach Jerusalem waren. Von allen Wegen und Stegen, von einsamen Höhen und aus den fernsten Winkeln der Ebene kamen Wanderer.

Wenn sie die Straße nach Jerusalem erreicht hatten, schlossen sich die einzelnen Reisenden zu großen Scharen zusammen und zogen unter frohem Jubel dahin. Rings um einen alten Mann, der auf einem schaukelnden Kamel ritt, gingen seine Söhne und Töchter, seine Eidame und Schwiegertöchter und alle seine Enkelkinder. Es war ein so großes Geschlecht, dass es ein ganzes kleines Heer bildete. Eine alte Mutter, die zu schwach war, um zu gehen, hatten die Söhne auf ihre Arme gehoben, und sie ließ sich stolz durch die ehrfürchtig zur Seite weichenden Scharen tragen.

Das war in Wahrheit ein Morgen, der selbst den Betrübtesten mit Freude erfüllen konnte. Der Himmel war freilich nicht klar, sondern mit einer dünnen weißgrauen Wolkenschicht überzogen, aber keinem der Wanderer kam es in den Sinn, sich zu beklagen, dass der harte Glanz der Sonne gedämpft war. Unter diesem verschleierten Himmel strömten die Wohlgerüche der blühenden Bäume und des jungen Laubes nicht so rasch wie sonst in den weiten Raum, sondern sie verweilten über Wegen und Fluren. Und dieser schöne Tag, der mit seinem schwachen Licht und seinen reglosen Winden an die Ruhe und den Frieden der Nacht gemahnte, schien allen den vorwärtseilenden Menschenscharen etwas von seinem Wesen mitzuteilen, sodass sie fröhlich, aber doch weihevoll weiterzogen, mit gedämpfter Stimme uralte Hymnen singend oder auf seltsamen, altertümlichen Instrumenten spielend, aus denen Töne kamen, die gleich dem Summen der Mücken oder dem Zirpen der Heimchen waren.

Wie die alte Faustina zwischen allen diesen Menschen dahinritt, wurde auch sie von ihrem Eifer und ihrer Freude mitgerissen. Sie trieb ihren Zelter zu größerer Eile, während sie zu einem jungen Römer, der sich an ihrer Seite hielt, sagte: „Mir träumte heute Nacht, dass ich Tiberius sähe und er mich bäte, die Reise ja nicht aufzuschieben, sondern gerade heute nach Jerusalem zu ziehen. Mir scheint, die Götter wollten mir eine Mahnung schicken, es nicht zu verabsäumen, an diesem schönen Morgen hinzuwandern."

Als sie diese Worte sprach, hatten sie gerade die höchste Höhe eines lang gestreckten Bergrückens erreicht, und dort hielt sie unwillkürlich an. Vor ihr lag ein großer, tiefer Talkessel, von schönen Anhöhen umkränzt, und aus der dunklen, schattigen Tiefe dieses Tales hob sich der gewaltige Fels, der auf seinem Gipfel die Stadt Jerusalem trug.

Aber das enge Bergstädtchen, das mit seinen Mauern und Türmen einem krönenden Geschmeide gleich auf der flachen Höhe des Felsens lag, war an diesem Tage tausendfältig vergrößert. Alle die rings um das Tal ansteigenden Höhen waren von bunten Zelten und einem Gewühl von Menschen bedeckt.

Es wurde Faustina klar, dass die ganze Bevölkerung des Landes sich in Jerusalem sammelte, um irgendein großes Fest zu feiern. Die entfernter Wohnenden waren schon angelangt und hatten ihre Zelte aufgeschlagen. Die hingegen in der Nachbarschaft der Stadt wohnten, waren noch im Anzuge. Alle die lichten Bergeshöhen hinunter sah man sie kommen, gleich einem ununterbrochenen Strome von weißen Gewändern, Gesängen und Festesfreude.

Lange überschaute die alte Frau diese heranströmenden Menschenmengen und die langen Zeltreihen. Dann sagte sie zu dem jungen Römer, der an ihrer Seite ritt: „Wahrlich, Sulpicius, das ganze Volk muss nach Jerusalem gekommen sein."

„Es ist in Wirklichkeit so", antwortete der Römer, der von Tiberius ausersehen worden war, Faustina zu geleiten, weil er mehrere Jahre lang in Judäa gelebt hatte. „Sie feiern jetzt das große Frühlingsfest, und da ziehen alle Menschen, Jung und Alt, nach Jerusalem."

Faustina besann sich einen Augenblick. „Ich freue mich, dass wir an dem Tage in diese Stadt gekommen sind, wo das Volk seinen Feiertag begeht", sagte sie. „Dies kann nichts anderes bedeuten, als dass die Götter unsere Fahrt beschützen. Hältst du es nicht für wahrscheinlich, dass er, den wir suchen, der Prophet aus Nazaret, auch nach Jerusalem gekommen ist, um an dem Fest teilzunehmen?"

„Du hast wirklich recht, Faustina", sagte der Römer. „Er ist vermutlich hier in Jerusalem. Dies ist in Wahrheit eine Fügung der Götter. So stark und kräftig du auch bist, du kannst dich doch glücklich preisen, wenn du nicht die lange, beschwerliche Reise nach Galiläa hinaufmachen musst."

Er ritt sogleich auf ein paar Wanderer zu, die eben vorbeizogen, und fragte sie, ob sie glaubten, dass der Prophet aus Nazaret sich in Jerusalem befinde.

„Wir haben ihn jedes Jahr um diese Zeit dort gesehen", antwortete einer der Wandersleute. „Sicherlich ist er auch dieses Jahr gekommen, denn er ist ein frommer und gerechter Mann."

Eine Frau streckte die Hand aus und wies auf eine Höhe, die östlich von der Stadt lag. „Siehst du diesen Bergabhang, der mit Olivenbäumen bewachsen ist?", sagte

sie. „Dort pflegen die Galiläer ihre Zelte aufzuschlagen, und da erhältst du die sichersten Nachrichten über den, den du suchst.“
Sie zogen weiter, einen geschlängelten Pfad bis in die Tiefe des Tales hinunter und begannen dann, den Berg Zion emporzureiten, um die Stadt auf seinem Gipfel zu erreichen.
Der steil ansteigende Weg war hier von niedrigen Mauern umsäumt, und auf ihnen saßen und lagen eine unzählige Menge Bettler und Krüppel, die die Barmherzigkeit der Reisenden anriefen.
Während der langsamen Fahrt kam eine der jüdischen Frauen auf Faustina zu. „Sieh dort“, sagte sie und wies auf einen Bettler, der auf der Mauer saß, „dies ist ein galiläischer Mann. Ich erinnere mich, ihn unter den Jüngern des Propheten gesehen zu haben. Er kann dir sagen, wo der zu finden ist, den du suchst.“
Faustina ritt mit Sulpicius auf den Mann zu, den man ihr gezeigt hatte. Es war ein armer alter Mann mit großem grau gesprenkeltem Barte. Sein Gesicht war von Hitze und Sonnenschein gebräunt, und seine Hände waren schwielig von der Arbeit. Er begehrte keine Almosen, sondern schien im Gegenteil so tief in kummervolle Gedanken versunken zu sein, dass er nicht einmal zu den Vorüberziehenden aufsah.
Er hörte auch nicht, dass Sulpicius ihn ansprach, sondern dieser musste seine Frage ein paarmal wiederholen.
„Mein Freund, man hat mir gesagt, dass du ein Galiläer seist. Ich bitte dich, sage mir, wo kann ich den Propheten aus Nazaret finden?“
Der Galiläer fuhr heftig zusammen und sah sich verwirrt um. Aber als er endlich begriff, was man von ihm verlangte, geriet er in einen Zorn, in den sich Entsetzen mischte. „Was sagst du da?“, brach er los. „Warum fragst du mich nach dem Manne? Ich weiß nichts von ihm. Ich bin kein Galiläer.“
Die jüdische Frau mischte sich jetzt ins Gespräch. „Ich habe dich doch mit ihm gesehen“, fiel sie ein. „Hege keine Furcht, sondern sage dieser vornehmen Römerin, die die Freundin des Kaisers ist, wo sie ihn schnell finden kann.“
Aber der erschrockene Jünger wurde immer erbitterter. „Sind heute alle Menschen wahnsinnig geworden?“, rief er. „Sind sie von einem bösen Geiste besessen, da sie einer um den anderen kommen und mich nach diesem Manne fragen? Warum will mir niemand glauben, wenn ich sage, dass ich den Propheten

nicht kenne? Ich bin nicht aus seinem Lande gekommen. Ich habe ihn niemals gesehen.“

Seine Heftigkeit zog die Aufmerksamkeit auf ihn, und ein paar Bettler, die neben ihm auf der Mauer saßen, begannen gleichfalls seine Worte zu bestreiten.

„Freilich hast du zu seinen Jüngern gehört“, sagten sie. „Wir wissen alle, dass du mit ihm aus Galiläa gekommen bist.“

Aber der Mann streckte beide Arme zum Himmel empor und rief: „Ich habe es heute in Jerusalem nicht aushalten können um dieses Mannes willen, und jetzt lassen sie mich nicht einmal hier draußen unter den Bettlern in Frieden. Warum wollt ihr mir nicht glauben, wenn ich euch sage, dass ich ihn nie gesehen habe?“

Faustina wendete sich mit einem Achselzucken ab. „Lass uns weiterziehen“, sagte sie. „Dieser Mann ist ja wahnsinnig. Von ihm können wir nichts erfahren.“

Sie zogen weiter den Bergeshang hinauf. Faustina war nicht mehr als zwei Schritte vom Stadttor entfernt, als die israelitische Frau, die ihr hatte helfen wollen, den Propheten zu finden, ihr zurief, sie solle sich in Acht nehmen. Sie zog die Zügel an und sah, dass dicht vor den Füßen der Pferde ein Mann auf dem Wege lag. Wie er da im Staube ausgestreckt lag, gerade da, wo das Gedränge am lebhaftesten wogte, musste man es ein Wunder nennen, dass er nicht schon von Tieren oder Menschen niedergetreten war.

Der Mann lag auf dem Rücken und starrte mit erloschenen, glanzlosen Blicken empor. Er regte sich nicht, obgleich die Kamele ihre schweren Füße dicht neben ihm niedersetzten. Er war ärmlich gekleidet und überdies mit Staub und Erde besudelt. Ja, er hatte so viel Sand über sich geschüttet, dass es aussah, als suche er sich zu verbergen, um leichter überritten oder niedergetreten zu werden.

„Was ist dies? Warum liegt dieser Mann hier auf dem Wege?“, fragte Faustina.

In demselben Augenblicke begann der Liegende die Vorübergehenden anzurufen. „Bei eurer Barmherzigkeit, Brüder und Schwestern, führet eure Pferde und Lasttiere über mich hin! Weichet mir nicht aus! Zertretet mich zu Staub! Ich habe unschuldig Blut verraten. Zertretet mich zu Staub!“

Sulpicius fasste Faustinas Pferd am Zügel und führte es zur Seite. „Das ist ein Sünder, der Buße tun will“, sagte er. „Lasse dich dadurch nicht aufhalten. Diese Leute sind wunderlich, und man muss sie ihre eigenen Wege gehen lassen.“

Der Mann auf dem Weg fuhr fort zu rufen: „Setzt eure Fersen auf mein Herz! Lasst die Kamele meine Brust zertreten und den Esel seine Hufe in meine Augen versenken!"
Aber Faustina brachte es nicht über sich, an diesem Elenden vorbeizureiten, ohne zu versuchen, ob sie ihn nicht bewegen könnte aufzustehen. Sie hielt noch immer neben ihm.
Die israelitische Frau, die ihr schon einmal hatte dienen wollen, drängte sich jetzt wieder an sie heran. „Dieser Mann hat auch zu den Jüngern des Propheten gehört", sagte sie. „Willst du, dass ich ihn nach seinem Meister frage?"
Faustina nickte, und die Frau beugte sich über den Liegenden.
„Was habt ihr Galiläer an diesem Tage mit eurem Meister gemacht?", fragte sie. „Ich treffe euch zerstreut auf Wegen und Stegen, aber ihn sehe ich nirgends."
Aber als sie so fragte, richtete sich der Mann, der im Straßenstaube lag, auf seine Knie empor. „Was für ein böser Geist hat dir eingegeben, mich nach ihm zu fragen?", sagte er mit einer Stimme, die voll Verzweiflung war. „Du siehst ja, dass ich mich in den Straßenstaub geworfen habe, um zertreten zu werden. Ist dir das nicht genug? Musst du noch kommen und mich fragen, was ich mit ihm angefangen habe?"
„Ich verstehe nicht, was du mir vorwirfst", sagte die Frau. „Ich wollte ja nur wissen, wo dein Meister ist."
Als sie die Frage wiederholte, sprang der Mann auf und steckte beide Zeigefinger in die Ohren.
„Wehe dir, dass du mich nicht in Frieden sterben lassen kannst", rief er. Er bahnte sich einen Weg durch das Volk, das sich vor dem Tore drängte, und stürzte, vor Entsetzen brüllend, von dannen, während seine zerfetzten Kleider ihn gleich dunkeln Flügeln umflatterten.
„Es will mich bedünken, dass wir zu einem Volke von Narren gekommen sind", sagte Faustina, als sie den Mann fliehen sah. Sie war durch den Anblick der Schüler des Propheten ganz niedergeschlagen. Konnte ein Mann, der solche Tollhäusler zu seinen Begleitern zählte, imstande sein, etwas für den Kaiser zu tun?
Auch die israelitische Frau schaute betrübt drein, und sie sprach mit großem Ernst zu Faustina: „Herrscherin, zögere nicht, den aufzusuchen, den du finden

willst. Ich fürchte, es ist ihm etwas Böses zugestoßen, da seine Jünger so von Sinnen sind und es nicht ertragen, von ihm reden zu hören."

Faustina und ihr Gefolge ritten endlich durch die Torwölbung und kamen in enge, dunkle Gassen, die von Menschen wimmelten. Es erschien beinahe unmöglich, durch die Stadt zu kommen. Einmal ums andere mussten die Reiter haltmachen. Vergebens suchten Sklaven und Kriegsknechte einen Weg zu bahnen. Die Menschen hörten nicht auf, sich in einem dichten und unaufhaltsamen Strome vorbeizuwälzen.

„Wahrlich", sagte die alte Frau zu Sulpicius, „Roms Straßen sind stille Lustgärten im Vergleich zu diesen Gassen."

Sulpicius sah bald, dass fast unübersteigliche Schwierigkeiten ihrer harrten. „In diesen überfüllten Gassen ist es beinahe leichter zu gehen, als zu reiten", sagte er. „Wenn du nicht allzu müde bist, würde ich dir raten, zu Fuße zum Palaste des Landpflegers zu gehen. Er liegt freilich weit weg, aber wenn wir hinreiten wollen, kommen wir sicherlich nicht vor Mitternacht ans Ziel."

Faustina ging sogleich auf den Vorschlag ein. Sie stieg vom Pferd und überließ es der Obhut eines Sklaven. Dann begannen die reisenden Römer die Stadt zu Fuß zu durchwandern.

Dies gelang ihnen weit besser. Sie drangen ziemlich rasch bis zum Herzen der Stadt vor, und Sulpicius zeigte Faustina gerade eine halbwegs breite Straße, die sie bald erreichen mussten.

„Sieh dort, Faustina", sagte er, „wenn wir erst in dieser Straße sind, sind wir bald am Ziele. Sie führt uns geradeswegs zu unserer Herberge."

Aber als sie eben in diese Straße einbiegen wollten, begegnete ihnen das größte Hindernis.

Es begab sich, dass in demselben Augenblick, wo Faustina die Straße erreichte, die sich vom Palaste des Landpflegers zur Pforte der Gerechtigkeit und nach Golgota erstreckte, ein Gefangener vorbeigeführt wurde, der gekreuzigt werden sollte.

Ihm voran eilte eine Schar junger, wilder Menschen, die die Hinrichtung mit ansehen wollten. Sie jagten in ungestümem Laufe durch die Straße, streckten die Arme verzückt in die Höhe und stießen ein unverständliches Geheul aus in ihrer Freude, etwas zu schauen, was sie nicht alle Tage zu sehen bekamen.

Nach ihnen kamen Scharen von Menschen in schleppenden Gewändern, die zu den Ersten und Vornehmsten der Stadt zu gehören schienen. Hinter denen wanderten Frauen, von denen viele tränenüberströmte Gesichter hatten. Eine Anzahl Arme und Krüppel schritten vorbei und stießen Schreie aus, die in die Ohren gellten.

„O Gott!", riefen sie. „Rette ihn! Sende deinen Engel und rette ihn! Schicke einen Helfer in seiner äußersten Not!"

Endlich kamen ein paar römische Kriegsknechte auf großen Pferden. Sie wachten darüber, dass niemand aus dem Volke zu dem Gefangenen hinstürze oder ihn zu befreien versuche.

Gleich hinter ihnen schritten die Henkersknechte, die den Mann, der gekreuzigt werden sollte, zu führen hatten. Sie hatten ihm ein großes, schweres Kreuz aus Holz über die Schulter gelegt, aber er war zu schwach für diese Bürde. Sie drückte ihn, dass sein Körper ganz zu Boden gebeugt wurde. Er hielt den Kopf so tief gesenkt, dass niemand sein Gesicht sehen konnte.

Faustina stand in der Mündung des kleinen Nebengässchens und sah die schwere Wanderung des Todgeweihten an. Mit Staunen gewahrte sie, dass er einen Purpurmantel trug und dass eine Dornenkrone auf sein Haupt gedrückt war.

„Wer ist dieser Mann?", fragte sie.

Einer der Umstehenden erwiderte: „Das ist einer, der sich zum Kaiser machen wollte."

„Dann muss er den Tod um einer Sache willen leiden, die wenig erstrebenswert ist", sagte die alte Frau wehmütig.

Der Verurteilte wankte unter dem Kreuz. Immer langsamer schritt er vorwärts. Die Henkersknechte hatten einen Strick um seinen Leib geschlungen, und sie begannen daran zu ziehen, um ihn zu größerer Eile anzutreiben. Aber als sie an dem Strick zogen, fiel der Mann hin und blieb mit dem Kreuz über sich liegen.

Da entstand ein großer Aufruhr. Die römischen Reiter hatten die größte Mühe, das Volk zurückzuhalten. Sie zückten ihre Schwerter gegen ein paar Frauen, die herbeieilten und den Gefallenen aufzurichten bemüht waren. Die Henkersknechte suchten ihn durch Schläge und Stöße zu zwingen, dass er aufstehe, allein er vermochte es nicht wegen des Kreuzes. Endlich ergriffen ein paar von ihnen das Kreuz, um es fortzuheben.

Da richtete er das Haupt empor, und die alte Faustina konnte sein Gesicht sehen. Die Wangen trugen Striemen von Schlägen, und von seiner Stirn, die die Dornenkrone verwundet hatte, perlten ein paar Bluttropfen. Das Haar hing in wirren Büscheln, klebrig von Schweiß und Blut. Sein Mund war hart geschlossen, aber seine Lippen zitterten, als kämpften sie, um einen Schrei zurückzudrängen. Die Augen starrten tränenvoll und beinahe erloschen vor Qual und Mattigkeit. Aber hinter dem Gesichte dieses halbtoten Menschen sah die Alte gleichsam in einer Vision ein schönes und bleiches Gesicht mit herrlichen, majestätischen Augen und milden Zügen, und sie ward plötzlich von Trauer und Rührung über das Unglück und die Erniedrigung dieses fremden Mannes ergriffen.

„O du armer Mensch, was hat man dir getan?“, rief sie und trat ihm einen Schritt entgegen, während ihre Augen sich mit Tränen füllten. Sie vergaß ihre eigene Sorge und Unruhe über dieses gequälten Menschen Not. Ihr war, als müsste ihr Herz vor Mitleid zerspringen. Sie wollte gleich den anderen Frauen hineilen, um ihn den Schergen zu entreißen.

Der Gefangene sah, wie sie auf ihn zukam, und er kroch näher an sie heran. Es war, als erwarte er bei ihr Schutz gegen alle zu finden, die ihn verfolgten und quälten. Er umfasste ihre Knie. Er schmiegte sich an sie wie ein Kind, das sich zu seiner Mutter rettet.

Die Alte beugte sich über ihn, und während ihre Tränen strömten, fühlte sie die seligste Freude darüber, dass er gekommen war und bei ihr Schutz gesucht hatte. Sie legte ihren einen Arm um seinen Hals, und so wie eine Mutter zuallererst die Tränen aus den Augen des Kindes trocknet, so legte sie ihr Schweißtuch aus kühlem, feinem Linnen auf sein Gesicht, um die Tränen und das Blut fortzuwischen. Aber in diesem Augenblick waren die Henkersknechte mit dem Heben des Kreuzes fertig. Sie kamen und rissen den Gefangenen mit sich. Ungeduldig wegen des Aufenthalts, schleppten sie ihn in wilder Hast fort. Der Todgeweihte stöhnte auf, als er von der Freistatt fortgeführt wurde, die er gefunden hatte; aber er leistete keinen Widerstand.

Jedoch Faustina umklammerte ihn, um ihn zurückzuhalten, und als ihre schwachen, alten Hände nichts vermochten und sie ihn fortführen sah, war es ihr, als hätte ihr jemand ihr eigenes Kind entrissen, und sie rief: „Nein, nein! Nehmt ihn mir nicht! Er darf nicht sterben! Er darf nicht!“

Sie empfand den furchtbarsten Schmerz und Groll, weil man ihn fortführte. Sie wollte ihm nacheilen. Sie wollte mit den Schergen kämpfen und ihn ihnen entreißen.

Aber bei dem ersten Schritt, den sie machte, wurde sie von Schwindel und Ohnmacht befallen. Sulpicius beeilte sich, seinen Arm um sie zu legen, um sie vor dem Fallen zu bewahren.

Auf der einen Seite der Gasse sah er einen kleinen, dunklen Laden, und dort hinein trug er sie. Da war weder Stuhl noch Bank, aber der Kaufmann war ein barmherziger Mann. Er schleppte eine Matte herbei und bereitete der Alten ein Lager auf dem Steinboden.

Sie war nicht besinnungslos, aber ein so starker Schwindel hatte sie befallen, dass sie sich nicht aufrecht halten konnte, sondern sich niederlegen musste.

„Sie hat heute eine lange Wanderung hinter sich, und der Lärm und das Gedränge in der Stadt sind ihr zu viel geworden", sagte Sulpicius zu dem Kaufmanne. „Sie ist sehr alt, und keiner ist so stark, dass das Alter ihn nicht schließlich niederwerfen könnte."

„Dies ist auch für jemand, der nicht alt ist, ein schwerer Tag", sagte der Kaufmann. „Die Luft ist fast zu drückend beim Atmen. Es sollte mich nicht Wunder nehmen, wenn wir ein schweres Unwetter bekämen."

Sulpicius beugte sich über die Alte. Sie war eingeschlummert und schlief mit ruhigen, regelmäßigen Atemzügen nach der Ermüdung und der Gemütsbewegung. Er ging und stellte sich in die Ladentür, um die Volksmenge zu beobachten, während er auf ihr Erwachen wartete.

VII

Der römische Landpfleger in Jerusalem hatte eine junge Frau, und in der Nacht vor dem Tage, an dem Faustina in die Stadt einzog, lag die und träumte. Sie träumte, dass sie auf dem Dache ihres Hauses stünde und auf den großen, schönen Hofplan niedersähe, der nach der Sitte des Morgenlandes mit Marmor ausgelegt und mit edlen Gewächsen bepflanzt war.

Aber auf dem Hofe sah sie alle Kranken und Blinden und Lahmen versammelt, die es auf der Welt gab. Sie sah die Pestkranken vor sich mit beulengeschwollenen Körpern, die Aussätzigen mit zerfressenen Gesichtern, die Lahmen, die sich nicht zu rühren vermochten, sondern hilflos auf der Erde lagen, und alle Elenden, die sich in Qualen und Schmerzen krümmten.

Und sie drängten sich alle zum Eingange, um in das Haus zu kommen, und einige der Vordersten klopften mit harten Schlägen an die Tür des Palastes.

Endlich sah sie, dass ein Sklave die Tür öffnete und auf die Schwelle trat, und sie hörte, wie er fragte, was sie wollten.

Da antworteten sie ihm und sprachen: „Wir suchen den großen Propheten, den Gott auf die Erde gesandt hat. Wo ist der Prophet aus Nazaret, er, der aller Qualen Herr ist? Wo ist er, der uns von allen unseren Leiden erlösen kann?"

Da antwortete der Sklave in stolzem, gleichgültigem Tone, so wie Palastdiener zu tun pflegen, wenn sie arme Fremdlinge abweisen.

„Es hilft euch nichts, nach dem großen Propheten zu suchen. Pilatus hat ihn getötet."

Da erhob sich unter allen den Kranken ein Trauern und Jammern und Zähneknirschen, sodass sie nicht ertragen konnte, es zu hören. Ihr Herz wurde von Mitleid zerrissen, und Tränen strömten aus ihren Augen. Aber wie sie so zu weinen anfing, war sie erwacht.

Wieder war sie eingeschlummert, und wieder träumte sie, dass sie auf dem Dache ihres Hauses stünde und auf den großen Hof hinabsähe, der so weit war wie ein Marktplatz.

Und siehe da, der Hof war voll von allen Menschen, die wahnsinnig und toll waren und von bösen Geistern besessen. Und sie sah solche, die nackt waren, und solche, die sich in ihr langes Haar hüllten, und solche, die sich Kronen aus Stroh geflochten hatten und Mäntel aus Gras und sich für Könige hielten, und solche, die auf dem Boden krochen und Tiere zu sein wähnten, und solche, die beständig über einen Kummer weinten, den sie nicht zu nennen vermochten, und solche, die schwere Steine heranschleppten, die sie für Gold ausgaben, und solche, die glaubten, dass die bösen Dämonen aus ihrem Munde sprächen.
Sie sah, wie alle diese Leute sich zum Tore des Palastes drängten; und die zuvorderst standen, klopften und pochten, um Einlass zu finden.
Endlich tat sich die Tür auf, und ein Sklave trat auf die Schwelle und fragte sie: „Was ist euer Begehr?"
Da begannen sie alle zu rufen und zu sagen: „Wo ist der große Prophet aus Nazaret, er, der von Gott gesandt ist und der uns unsere Seele und unsere Vernunft wiedergeben soll?"
Sie hörte, wie der Sklave ihnen im gleichgültigsten Tone antwortete:
„Es führt zu nichts, dass ihr nach dem großen Propheten sucht. Pilatus hat ihn getötet."
Als dies Wort gesprochen war, stießen alle die Wahnsinnigen einen Schrei aus, der dem Brüllen wilder Tiere gleich war, und in ihrer Verzweiflung begannen sie, sich selbst zu zerfleischen, dass das Blut auf die Steine floss. Und da sie, die träumte, all ihr Elend sah, begann sie die Hände zu ringen und zu jammern. Und ihr eigener Jammer hatte sie aufgeweckt.
Aber wieder war sie eingeschlummert, und wieder befand sie sich im Traume auf dem Dache ihres Hauses. Und rings um sie her saßen ihre Sklavinnen, die ihr auf der Zimbel und der Laute vorspielten, und die Mandelbäume streuten ihre weißen Blütenblätter über sie hin, und die Blumen der Kletterrosen dufteten.
Während sie dasaß, sprach eine Stimme zu ihr: „Geh zu der Balustrade, die dein Dach umgibt, und sieh hinunter auf deinen Hof."
Aber im Traume weigerte sie sich und sagte: „Ich will nicht noch mehr von jenen sehen, die sich heute Nacht auf meinem Hofe drängen."
In demselben Augenblick hörte sie von dort ein Rasseln von Ketten und ein Pochen schwerer Hämmer und ein Klopfen von Holz, das gegen Holz schlug. Ihre

Sklavinnen hörten zu singen und zu spielen auf und eilten zum Dachgeländer und sahen hinab. Und auch sie konnte nicht still sitzen bleiben, sondern sie ging hin und sah auf den Hof hinunter.

Da sah sie, dass der Hof ihres Hauses von allen armen Gefangenen erfüllt war, die es auf der Welt gab. Sie sah die Leute, die sonst in dunklen Kerkerlöchern mit schweren Eisenketten gefesselt lagen. Sie sah die Leute, die in den dunklen Gruben arbeiteten, ihre Hämmer schleppend, herankommen, und die, die Ruderer auf den Kriegsfahrzeugen waren, kamen mit ihren schweren, eisengeschmiedeten Rudern. Und die, die verurteilt waren, gekreuzigt zu werden, kamen und schleppten ihre Kreuze, und die, die geköpft werden sollten, kamen mit ihren Beilen. Sie sah die, die als Sklaven nach fremden Ländern geführt worden waren und deren Augen vor Heimweh brannten. Sie sah alle elenden Sklaven, die gleich Lasttieren arbeiten mussten und deren Rücken blutig waren von Geißelhieben.

Alle diese unglücklichen Menschen riefen wie aus einem einzigen Munde und sprachen: „Öffne, öffne!"

Da trat der Sklave, der den Eingang bewachte, zur Tür hinaus, und er fragte sie: „Was ist euer Begehr?"

Und sie antworteten wie die anderen: „Wir suchen den großen Propheten aus Nazaret, der auf die Erde gekommen ist, um den Gefangenen ihre Freiheit und den Sklaven ihr Glück wiederzugeben."

Der Sklave antwortete ihnen in müdem und gleichgültigem Tone: „Ihr könnt ihn hier nicht finden. Pilatus hat ihn getötet."

Als dies Wort gesprochen war, schien ihr, die träumte, dass sich unter allen diesen Unglücklichen ein solcher Ausbruch der Lästerung und des Hohnes erhebe, dass sie vernahm, wie Erde und Himmel erzitterten. Sie selbst war starr vor Schrecken, und ein solches Beben durchfuhr ihren Körper, dass sie erwachte.

Als sie ganz wach war, setzte sie sich im Bette auf und sagte zu sich selbst: Ich will nicht mehr träumen. Jetzt will ich mich die ganze Nacht wachhalten, um nichts mehr von diesem Entsetzlichen sehen zu müssen.

Aber beinahe in demselben Augenblick, wo sie dies gedacht hatte, hatte der Schlummer sie aufs Neue überwältigt, und sie hatte ihren Kopf auf das Kissen gelegt und war eingeschlummert.

Wieder träumte sie, dass sie auf dem Dache ihres Hauses säße, und ihr kleines Söhnlein liefe dort oben auf und ab und spielte Ball.
Da hörte sie eine Stimme, die zu ihr sprach: „Geh zur Balustrade, die das Dach umgibt, und sieh, wer die sind, die auf dem Hofe stehen und warten."
Aber sie, die träumte, sagte zu sich selbst: „Ich habe in dieser Nacht genug Elend gesehen. Mehr kann ich nicht ertragen. Ich will bleiben, wo ich bin."
In demselben Augenblick warf ihr Söhnlein seinen Ball so, dass er über die Balustrade fiel, und das Kind eilte hin und kletterte auf das Gitterwerk. Da erschrak sie und lief hinzu und erfasste das Kind.
Aber dabei warf sie einen Blick hinunter, und noch einmal sah sie, dass der Hof voller Menschen war.
Aber dort in dem Hofe waren alle Menschen der Erde, die im Kriege verwundet worden waren. Sie kamen mit verstümmelten Körpern, mit abgehauenen Gliedern und großen, offenen Wunden, aus denen das Blut strömte, sodass der ganze Hof davon überschwemmt wurde.
Und neben ihnen drängten sich dort alle Menschen der Erde, die ihre Lieben auf dem Schlachtfelde verloren hatten. Es waren die Vaterlosen, die ihre Verteidiger betrauerten, und die jungen Frauen, die nach ihren Geliebten riefen, und die Alten, die nach ihren Söhnen seufzten.
Die vordersten von ihnen drängten zur Tür, und der Türsteher kam wie früher und öffnete.
Er fragte alle diese Leute, die in Fehden und Kämpfen verwundet worden waren: „Was sucht ihr in diesem Hause?"
Und sie antworteten: „Wir suchen den großen Propheten aus Nazaret, der Krieg und Streit verbieten und Frieden auf Erden bringen wird. Wir suchen ihn, der die Lanzen zu Sensen machen wird und die Schwerter zu Rebenmessern."
Da antwortete der Sklave ein wenig ungeduldig: „Kommt doch nicht mehr, um mich zu quälen! Ich habe es schon oft genug gesagt. Der große Prophet ist nicht hier. Pilatus hat ihn getötet."
Damit schloss er das Tor. Aber sie, die träumte, dachte an all den Jammer, der nun ausbrechen musste. „Ich will ihn nicht hören", sagte sie und stürzte von der Balustrade fort. In demselben Augenblicke war sie erwacht. Und da hatte sie gesehen, dass sie in ihrer Angst aus dem Bette gesprungen war.

Wieder hatte sie gedacht, dass sie in dieser Nacht nicht mehr träumen wollte, und wieder hatte der Schlummer sie überwältigt, sodass sie die Augen schloss und zu träumen begann.
Noch einmal saß sie auf dem Dache ihres Hauses, und neben ihr stand ihr Mann. Und sie erzählte ihm von ihren Träumen, und er trieb seinen Spott mit ihr. Da hörte sie wieder eine Stimme, die zu ihr sagte: „Geh und sieh die Menschen, die auf deinem Hofe warten."
Aber sie dachte: Ich will sie nicht schauen. Ich habe heute Nacht genug Unglückliche gesehen.
In demselben Augenblick hörte sie drei harte Schläge an das Tor, und ihr Mann ging zur Balustrade, um zu sehen, wer es wäre, der Einlass in sein Haus begehrte. Aber kaum hatte er sich über das Geländer gebeugt, als er auch schon seiner Frau winkte, sie solle zu ihm kommen.
„Kennst du diesen Mann nicht?", sagte er und wies hinunter.
Als sie in den Hof hinuntersah, fand sie, dass er von Reitern und Pferden erfüllt war. Sklaven waren damit beschäftigt, Eseln und Kamelen ihre Bürden abzuladen. Es sah aus, als wäre ein vornehmer Reisender angekommen.

An der Eingangstür stand der Fremde. Es war ein hochgewachsener alter Mann mit breiten Schultern und trüber, düsterer Miene.
Die Träumerin erkannte den Fremdling sogleich, und sie flüsterte ihrem Manne zu: „Das ist Cäsar Tiberius, der nach Jerusalem gekommen ist. Es kann kein anderer sein."
„Auch ich glaube ihn zu erkennen", sagte ihr Mann und legte gleichzeitig den Finger auf den Mund zum Zeichen, dass sie stillschweigen und darauf horchen solle, was unten auf dem Hofe gesprochen würde.
Sie sahen, dass der Türhüter herauskam und den Fremden fragte: „Wer ist es, den du suchst?"
Und der Reisende antwortete: „Ich suche den großen Propheten aus Nazaret, der mit Gottes wundertätiger Kraft begabt ist. Kaiser Tiberius ruft ihn, auf dass er ihn von einer entsetzlichen Krankheit befreie, die kein anderer Arzt zu heilen vermag."

Als er ausgesprochen hatte, neigte sich der Sklave sehr demütig und sagte: „Herr, zürne nicht, aber dein Wunsch kann nicht erfüllt werden."

Da wendete sich der Kaiser an seine Sklaven, die unten im Hofe warteten, und gab ihnen einen Befehl.

Da eilten die Sklaven herbei, einige hatten die Hände voll Geschmeide, andere hielten Schalen voll Perlen, wieder andere schleppten Säcke mit Goldmünzen.

Der Kaiser wendete sich an den Sklaven, der die Pforte bewachte, und sagte: „Dies alles soll ihm gehören, wenn er Tiberius beisteht. Damit kann er allen Armen der Erde Reichtum schenken."

Aber der Türhüter neigte sich noch tiefer denn zuvor und sagte: „Herr, zürne deinem Diener nicht, aber dein Verlangen kann nicht erfüllt werden."

Da winkte der Kaiser noch einmal seinen Sklaven, und ein paar von ihnen eilten mit einem reich bestickten Gewande herbei, auf dem ein Brustschild aus Juwelen erglänzte.

Und der Kaiser sprach zu dem Sklaven: „Sieh hier: Was ich ihm biete, ist die Macht über das Judenland. Er soll sein Volk als der höchste Richter lenken. Möge er mir nur zuerst folgen und Tiberius heilen."

Aber der Sklave neigte sich noch tiefer zur Erde und sagte: „Herr, es steht nicht in meiner Macht, dir zu helfen!"

Da winkte der Kaiser noch einmal, und seine Sklaven eilten mit einem goldenen Stirnreif und einem Purpurmantel herbei.

„Sieh", sagte er, „dies ist des Kaisers Wille: Er gelobt, ihn zu seinem Erben zu ernennen und ihm die Herrschaft über die Welt zu geben. Er soll die Macht haben, die ganze Erde nach dem Willen seines Gottes zu regieren. Möge er zuerst nur seine Hand ausstrecken und Tiberius heilen!"

Da warf sich der Sklave vor den Füßen des Kaisers zu Boden und sagte mit wehklagender Stimme: „Herr, es steht nicht in meiner Macht, dir zu gehorchen. Er, den du suchst, ist nicht mehr. Pilatus hat ihn getötet."

VIII

Als die junge Frau erwachte, war es schon voller, klarer Tag, und ihre Sklavinnen standen da und warteten, um ihr beim Ankleiden behilflich zu sein.
Sie war sehr schweigsam, während sie sich anziehen ließ, aber endlich fragte sie die Sklavin, die ihr Haar strählte, ob ihr Mann schon aufgestanden sei. Da erfuhr sie, dass er gerufen worden war, um über einen Verbrecher zu Gericht zu sitzen.
„Ich würde gern mit ihm sprechen", sagte die junge Frau.
„Herrin", sagte die Sklavin, „dies wird sich mitten in der Untersuchung schwer bewerkstelligen lassen. Wir werden dir Nachricht geben, sowie sie beendigt ist."
Sie saß nun schweigend, bis sie fertig angekleidet war. Dann fragte sie: „Hat jemand von euch von dem Propheten aus Nazaret sprechen hören?"
„Der Prophet aus Nazaret, das ist ein jüdischer Wundertäter", antwortete eine der Sklavinnen sogleich.
„Es ist seltsam, Gebieterin, dass du gerade heute nach ihm fragst", sagte eine andere der Sklavinnen. „Er ist es eben, den die Juden hierher in den Palast geführt haben, damit der Landpfleger ihn verhöre."
Sie bat sie, sogleich zu gehen und sich zu erkundigen, wessen er angeklagt werde, und eine der Sklavinnen entfernte sich. Als sie zurückkehrte, sagte sie: „Sie beschuldigen ihn, dass er sich zum König über dieses Land machen wolle, und sie rufen den Landpfleger an, er möge ihn kreuzigen lassen."
Aber als des Landpflegers Frau dies hörte, erschrak sie gar sehr und sagte: „Ich muss mit meinem Manne sprechen, sonst geschieht heute hier ein furchtbares Unglück."
Als die Sklavinnen ihr noch einmal sagten, dass dies unmöglich sei, da begann sie zu zittern und zu weinen. Und eine von ihnen wurde gerührt und sagte: „Wenn du dem Landpfleger eine geschriebene Botschaft senden willst, so will ich versuchen, sie ihm zu überbringen."
Da nahm sie sogleich einen Stift und schrieb einige Worte auf ein Wachstäfelchen, und dieses wurde dem Pilatus gegeben.

Aber ihn selbst traf sie den ganzen Tag über nicht allein, denn als er die Juden fortgeschickt hatte und sie den Verurteilten zum Richtplatz führten, war die Stunde für die Mahlzeit angebrochen, und zu dieser hatte Pilatus einige von den Römern eingeladen, die sich zu dieser Zeit in Jerusalem aufhielten. Es waren der Anführer der Truppen und ein junger Lehrer der Beredsamkeit und noch einige andere.
Dieses Mahl war nicht sehr fröhlich, denn die Frau des Landpflegers saß die ganze Zeit über stumm und niedergeschlagen, ohne an dem Gespräch teilzunehmen.
Als die Tischgäste fragten, ob sie krank oder betrübt sei, erzählte der Landpfleger lachend von der Botschaft, die sie ihm am Morgen gesandt hatte. Und er neckte sie, weil sie geglaubt hatte, ein römischer Landpfleger würde sich in seinen Urteilen von den Träumen eines Weibes lenken lassen.
Sie antwortete still und traurig: „Wahrlich, dies war kein Traum, sondern eine Warnung, die von den Göttern kam. Du hättest den Mann wenigstens diesen einen Tag noch leben lassen sollen."
Sie sahen, dass sie ernstlich betrübt war. Sie wollte sich nicht trösten lassen, wie sehr sich die Tafelgäste auch bemühten, sie durch ein unterhaltendes Gespräch diese leeren Hirngespinste vergessen zu lassen.
Aber nach einer Weile erhob einer von ihnen den Kopf und sagte: „Was ist dies? Haben wir so lange bei Tisch gesessen, dass der Tag schon zur Neige gegangen ist?"
Alle sahen nun auf, und sie merkten, dass eine schwache Dämmerung sich über die Natur senkte. Es war vor allem seltsam zu sehen, wie das ganze bunte Farbenspiel, das über allen Dingen und Wesen gebreitet liegt, sacht erlosch, sodass alles einfarbig grau erschien.
Gleich allem anderen verloren auch ihre eigenen Gesichter die Farbe. „Wir sehen wirklich wie Tote aus", sagte der junge Schönredner mit einem Schauer. „Unsere Wangen sind ja grau und unsere Lippen schwarz."
Während diese Dunkelheit immer tiefer wurde, nahm auch das Entsetzen der jungen Frau zu. „Ach, mein Freund", rief sie schließlich, „erkennst du auch jetzt nicht, dass die Unsterblichen dich warnen wollen? Sie zürnen, weil du einen heiligen und unschuldigen Mann zum Tode verurteilt hast. Ich denke mir, wenn er jetzt auch schon ans Kreuz geschlagen sein muss, kann er doch sicherlich noch nicht verblichen sein. Lass ihn vom Kreuze nehmen! Ich will mit meinen eigenen

Händen seiner Wunden pflegen. Erlaube nur, dass er ins Leben zurückgerufen werde."

Aber Pilatus antwortete lachend: „Sicherlich hast du recht damit, dass dies ein Zeichen der Götter ist. Aber keineswegs lassen sie die Sonne ihren Schein verlieren, weil ein jüdischer Irrlehrer zum Kreuzestod verurteilt ist. Vielmehr können wir erwarten, dass wichtige Ereignisse eintreten werden, die das ganze Reich betreffen. Wer kann wissen, wie lange der alte Tiberius ..."

Er vollendete den Satz nicht, denn die Dunkelheit war so tief geworden, dass er nicht einmal den Weinbecher sehen konnte, der vor ihm stand. Er unterbrach sich daher, um den Sklaven zu befehlen, eiligst ein paar Lampen hereinzubringen.

Als es so hell geworden war, dass er die Gesichter seiner Gäste sehen konnte, musste er die Verstimmung bemerken, die sich ihrer bemächtigt hatte.

„Sieh doch", sagte er ein wenig unmutig zu seiner Gattin, „nun scheint es dir wirklich gelungen zu sein, die Tafelfreude mit deinen Träumen zu verscheuchen. Aber wenn es schon durchaus so sein muss, dass du heute an nichts anderes denken kannst, dann lass uns lieber hören, was du geträumt hast. Erzähl es uns, und wir wollen versuchen, den Sinn zu deuten!"

Dazu war die junge Frau sofort bereit. Und während sie Traumgesicht auf Traumgesicht erzählte, wurden die Gäste immer ernster. Sie hörten auf, ihre Becher zu leeren, und ihre Stirnen zogen sich kraus. Der Einzige, der noch immer lachte und alles einen Wahnwitz nannte, war der Landpfleger selbst.

Als die Erzählung zu Ende war, sagte der junge Rhetor: „Wahrlich, dies ist doch mehr als ein Traum, denn ich sah heute zwar nicht den Kaiser, aber seine alte Freundin Faustina in die Stadt einziehen. Es nimmt mich nur Wunder, dass sie sich nicht schon im Palaste des Landpflegers gezeigt hat."

„Es geht ja wirklich das Gerücht, dass der Kaiser von einer entsetzlichen Krankheit befallen sei", bemerkte der Anführer der Truppen. „Es scheint auch mir möglich, dass der Traum deiner Gattin eine Warnung von den Göttern sein kann."

„Es liegt nichts Unglaubliches darin, dass Tiberius einen Boten nach dem Propheten ausgesandt hat, um ihn an sein Krankenlager zu rufen", stimmte der junge Rhetor ein.

Der Anführer wendete sich mit tiefem Ernst an Pilatus: „Wenn der Kaiser wirklich den Einfall gehabt hat, diesen Wundertäter zu sich rufen zu lassen, dann wäre es besser für dich und für uns alle, wenn er ihn lebend träfe."
Pilatus antwortete halb zürnend: „Ist es diese Dunkelheit, die euch zu Kindern gemacht hat? Man könnte glauben, ihr wäret alle in Traumdeuter und Propheten verwandelt."
Aber der Hauptmann ließ nicht ab, in ihn zu dringen: „Es wäre vielleicht nicht so unmöglich, das Leben des Mannes zu retten, wenn du einen eiligen Boten abschicktest."
„Ihr wollt mich wohl zum Gespött der Leute machen", antwortete der Landpfleger. „Sagt selbst, was sollte in diesem Lande aus Recht und Ordnung werden, wenn man erführe, dass der Landpfleger einen Verbrecher begnadigt, weil seine Frau einen bösen Traum geträumt hat?"
„Es ist doch Wahrheit und kein Traum, dass ich Faustina in Jerusalem gesehen habe", sagte der junge Rhetor.
„Ich nehme es auf mich, mein Vergehen vor dem Kaiser zu verantworten", sagte Pilatus. „Er wird begreifen, dass dieser Schwärmer, der sich widerstandlos von meinen Knechten misshandeln ließ, nicht die Macht gehabt hätte, ihm zu helfen."
In demselben Augenblick, wo diese Worte ausgesprochen wurden, wurde das Haus von einem Getöse erschüttert, das wie heftig grollender Donner klang, und ein Erdbeben ließ den Boden erzittern. Der Palast des Landpflegers blieb unversehrt stehen, aber unmittelbar nach dem Erdbeben vernahm man von allen Seiten das entsetzeneinflößende Krachen von einstürzenden Häusern und fallenden Säulen.
Sowie eine Menschenstimme sich Gehör verschaffen konnte, rief der Landpfleger einen Sklaven zu sich.
„Eile zum Richtplatz und befiehl in meinem Namen, dass der Prophet aus Nazaret vom Kreuz genommen werde!"
Der Sklave eilte von dannen. Die Tischgesellschaft begab sich vom Speisesaale in das Peristyl, um unter offenem Himmel zu sein, falls das Erdbeben sich wiederholen sollte. Niemand wagte ein Wort zu sagen, während sie der Rückkehr des Sklaven harrten.
Dieser kam sehr bald wieder. Er blieb vor dem Landpfleger stehen.

„Du hast ihn am Leben gefunden?“, fragte dieser.
„Herr, er war verschieden, und in demselben Augenblick, wo er seinen Geist aufgab, geschah das Erdbeben.“
Kaum hatte er dies gesagt, als ein paar harte Schläge am äußeren Tor ertönten. Als sie diese Schläge hörten, zuckten alle zusammen und sprangen empor, als wäre wieder ein Erdbeben losgebrochen.
Gleich darauf erschien ein Sklave.
„Es sind die edle Faustina und Sulpicius, des Kaisers Verwandter. Sie sind gekommen, um dich zu bitten, du mögest ihnen helfen, den Propheten aus Nazaret zu finden.“
Ein leises Gemurmel ging durch das Peristyl, und leichte Schritte wurden hörbar. Als der Landpfleger sich umsah, merkte er, dass seine Freunde von ihm zurückgewichen waren wie von einem, der dem Unglück verfallen ist.

IX

Die alte Faustina war in Capreae an Land gestiegen und hatte den Kaiser aufgesucht. Sie erzählte ihm ihre Geschichte, und während sie sprach, wagte sie kaum ihn anzusehen. Während ihrer Abwesenheit hatte die Krankheit furchtbare Fortschritte gemacht, und sie dachte bei sich selbst: „Wenn bei den Himmlischen Barmherzigkeit wäre, so hätten sie mich sterben lassen, bevor ich diesem armen, gequälten Menschen sagen musste, dass alle Hoffnung vorüber ist.“
Zu ihrem Staunen hörte ihr Tiberius aber mit der größten Gleichgültigkeit zu. Als sie ihm erzählte, dass der große Wundertäter am selben Tag gekreuzigt worden war, an dem sie in Jerusalem anlangte, und wie nahe sie daran gewesen war, ihn zu retten, da begann sie unter der Schwere ihrer Enttäuschung zu weinen. Aber Tiberius sagte nur: „Du grämst dich also wirklich darüber. Ach,

Faustina, ein ganzes Leben in Rom hat dir also den Glauben an Zauberer und Wundertäter nicht benommen, den du in deiner Kindheit in den Sabiner Bergen eingesogen hast."

Da sah die Alte ein, dass Tiberius nie Hilfe von dem Propheten aus Nazaret erwartet hatte.

„Warum ließest du mich dann diese Fahrt in das ferne Land machen, wenn du sie die ganze Zeit über für fruchtlos hieltest?"

„Du bist mein einziger Freund", sagte der Kaiser. „Warum sollte ich dir eine Bitte abschlagen, solange es noch in meiner Macht steht, sie zu gewähren?"

Aber die Alte wollte sich nicht dareinschicken, dass der Kaiser sie zum Besten gehalten hatte.

„Siehst du, das ist deine alte Hinterlist", sagte sie aufbrausend. „Das ist es eben, was ich am wenigsten an dir leiden kann."

„Du hättest nicht zu mir zurückkehren sollen", sagte Tiberius. „Du hättest in deinen Bergen bleiben müssen."

Für einen Augenblick sah es aus, als würden die beiden, die so oft aneinandergeraten waren, wieder in ein Wortgefecht geraten, aber der Groll der Alten verflog sogleich. Die Zeiten waren vorüber, wo sie ernstlich mit dem Kaiser hatte hadern können. Sie senkte die Stimme wieder. Doch konnte sie nicht ganz und gar von jedem Versuch, recht zu behalten, abstehen.

„Aber dieser Mann war wirklich ein Prophet", sagte sie. „Ich habe ihn gesehen. Als seine Augen den meinen begegneten, glaubte ich, er sei ein Gott. Ich war wahnsinnig, dass ich ihn in den Tod gehen ließ."

„Ich bin froh, dass du ihn sterben ließest", sagte Tiberius. „Er war ein Majestätsverbrecher und Aufrührer."

Faustina war wieder nahe daran, in Zorn zu geraten.

„Ich habe mit vielen seiner Freunde in Jerusalem über ihn gesprochen", sagte sie. „Er hat die Verbrechen nicht begangen, deren er bezichtigt wurde."

„Wenn er auch nicht gerade diese Verbrechen begangen hat, so war er doch darum gewiss nicht besser als irgendein anderer", sagte der Kaiser müde. „Wo ist der Mensch, der in seinem Leben nicht tausendmal den Tod verdient hätte?"

Aber diese Worte des Kaisers bestimmten Faustina, etwas zu tun, weswegen sie bis dahin unschlüssig gewesen war. „Ich will dir doch eine Probe seiner Macht geben", sagte sie. „Ich sagte dir vorhin, dass ich mein Schweißtuch auf sein Gesicht legte. Es ist dasselbe Tuch, das ich jetzt in meiner Hand halte. Willst du es einen Augenblick betrachten?"

Sie breitete das Schweißtuch vor dem Kaiser aus, und er sah darauf den schattenhaften Umriss eines Menschengesichtes abgezeichnet.

Die Stimme der Alten zitterte vor Rührung, als sie fortfuhr: „Dieser Mann sah, dass ich ihn liebte. Ich weiß nicht, durch welche Macht er imstande war, mir sein Bild zu hinterlassen. Aber meine Augen füllen sich mit Tränen, da ich es sehe."

Der Kaiser beugte sich vor und betrachtete dieses Bild, das aus Blut und Tränen und den schwarzen Schatten des Schmerzes gemacht schien. So allmählich trat das ganze Gesicht vor ihm hervor, wie es in das Schweißtuch eingedrückt war. Er sah die Bluttropfen auf der Stirn, die stechende Dornenkrone, das Haar, das klebrig von Blut war, und den Mund, dessen Lippen in Leid zu beben schienen.

Er beugte sich immer tiefer zu dem Bilde hinunter. Immer klarer trat das Gesicht hervor. Aus den schattenhaften Linien sah er mit einem Male die Augen gleichsam in verborgenem Leben strahlen. Und während sie zu ihm von dem furchtbarsten Leid sprachen, zeigten sie ihm zugleich eine Reinheit und Hoheit, wie er sie nie zuvor geschaut hatte.

Er lag auf seiner Ruhebank und sog dieses Bild mit den Augen ein. „Ist dies ein Mensch?", fragte er sacht und leise. „Ist dies ein Mensch?"

Wieder lag er still und betrachtete das Bild. Die Tränen begannen über seine Wangen zu strömen. „Ich trauere über deinen Tod, du Unbekannter", flüsterte er.

„Faustina", rief er endlich, „warum ließest du diesen Mann sterben? Er hätte mich geheilt."

Und wieder versank er in die Betrachtung des Bildes.

„Du Mensch", sagte er nach einer Weile. „Wenn ich nicht mein Heil von dir empfangen kann, so kann ich dich doch rächen. Meine Hand wird schwer auf denen ruhen, die dich mir gestohlen haben."

Wieder lag er lange Zeit schweigend, dann aber ließ er sich zu Boden gleiten und sank vor dem Bilde auf die Knie.

„Du bist der Mensch", sagte er. „Du bist, was ich nie zu sehen gehofft habe." Und er deutete auf sich selbst, sein zerstörtes Gesicht und seine zerfressenen Hände. „Ich und alle anderen, wir sind wilde Tiere und Ungeheuer, aber du bist der Mensch."

Er neigte den Kopf so tief vor dem Bilde, dass er die Erde berührte. „Erbarme dich meiner, du Unbekannter!", sagte er, und seine Tränen benetzten die Steine. „Wenn du am Leben geblieben wärest, so hätte dein bloßer Anblick mich geheilt", sagte er.

Die arme alte Frau erschrak darüber, was sie getan hatte. Es wäre klüger gewesen, dem Kaiser das Bild nicht zu zeigen, dachte sie. Sie hatte von Anfang an gefürchtet, dass sein Schmerz allzu groß sein würde, wenn er es sähe.

Und in ihrer Verzweiflung über den Kummer des Kaisers riss sie das Bild an sich, gleichsam, um es seinem Blick zu entziehen.

Da sah der Kaiser auf. Und siehe da, seine Gesichtszüge waren verwandelt, und er war, wie er vor der Krankheit gewesen war. Es war, als hätte diese ihre Wurzel und Nahrung in dem Hasse und der Menschenverachtung gehabt, die in seinem Herzen gewohnt hatten; und sie hatte in demselben Augenblick entfliehen müssen, in dem er Liebe und Mitleid gefühlt hatte.

Aber am nächsten Tage sendete Tiberius drei Boten aus. Der erste Bote ging nach Rom und befahl, dass der Senat eine Untersuchung anstelle, wie der Landpfleger in Palästina sein Amt verwalte, und ihn bestrafe, wenn es sich erweisen solle, dass er das Volk unterdrücke und Unschuldige zum Tode verurteile.

Der zweite Bote wurde zu dem Winzer und seiner Frau geschickt, um ihnen zu danken und sie für den Rat zu belohnen, den sie dem Kaiser gegeben hatten, und um ihnen zugleich zu sagen, wie alles abgelaufen war. Als sie alles bis zu Ende gehört hatten, weinten sie still, und der Mann sagte: „Ich weiß, dass ich mein Leben lang darüber nachgrübeln werde, was geschehen wäre, wenn diese beiden sich begegnet wären." Aber die Frau erwiderte: „Es konnte nicht anders kommen. Es war ein zu großer Gedanke, dass diese beiden sich begegnen sollten. Gott, der Herr, wusste, dass die Welt ihn nicht zu ertragen vermochte."

Der dritte Bote ging nach Palästina und brachte von dort einige von Jesu Jüngern nach Capreae, und diese begannen hier die Lehre zu verkünden, die der Gekreuzigte gepredigt hatte.

Als diese Lehrer in Capreae anlangten, lag die alte Faustina auf dem Totenbette. Aber sie konnten sie noch vor ihrem Tode zu der Jüngerin des großen Propheten machen und sie taufen. Und in der Taufe wurde sie Veronika genannt, weil es ihr beschieden gewesen war, den Menschen das wahre Bild ihres Erlösers zu bringen.

Das Rotkehlchen

Es war zu der Zeit, da unser Herr die Welt erschuf, da er nicht nur Himmel und Erde schuf, sondern auch alle Tiere und Pflanzen, und ihnen zugleich ihre Namen gab.

Es gibt viele Geschichten aus jener Zeit; und wüsste man sie alle, so wüsste man auch die Erklärung für alles in der Welt, was man jetzt nicht verstehen kann.

Damals war es, dass es sich eines Tages begab, als unser Herr im Paradies saß und die Vögel malte, dass die Farbe in unseres Herrn Farbenschalen ausging, sodass der Stieglitz ohne Farbe geblieben wäre, wenn unser Herr nicht alle Pinsel an seinen Federn abgewischt hätte.

Und damals geschah es, dass der Esel seine langen Ohren bekam, weil er sich nicht merkte, welchen Namen er bekommen hatte. Er vergaß es, sowie er nur ein paar Schritte auf den Fluren des Paradieses gemacht hatte, und dreimal kam er zurück und fragte, wie er heiße, bis unser Herr ein klein wenig ungeduldig wurde, ihn bei beiden Ohren nahm und sagte:

„Dein Name ist Esel, Esel, Esel."

Und während er so sprach, zog er seine Ohren lang, damit er ein besseres Gehör bekäme und sich merke, was man ihm sagte.

An demselben Tage geschah es auch, dass die Biene bestraft wurde. Denn als die Biene erschaffen war, begann sie sogleich Honig zu sammeln, und Tiere und Menschen, die merkten, wie süß der Honig duftete, kamen und wollten ihn kosten. Aber die Biene wollte alles für sich behalten und jagte mit ihren giftigen Stichen alle fort, die sich der Honigwabe näherten. Dies sah unser Herr und alsogleich rief er die Biene zu sich und strafte sie. „Ich verlieh dir die Gabe, Honig zu sammeln, der das Süßeste in der Schöpfung ist", sagte unser Herr, „aber damit gab ich dir nicht das Recht, hart gegen deinen Nächsten zu sein. Merke dir nun, jedes Mal, wenn du jemand stichst, der deinen Honig kosten will, musst du sterben!"

Ach ja, damals geschah es, dass die Grille blind wurde und die Ameise ihre Flügel verlor; es begab sich so viel Wunderliches an diesem Tage.

Unser Herr saß den ganzen Tag groß und mild da und schuf und erweckte zum Leben, und gegen Abend kam es ihm in den Sinn, einen kleinen grauen Vogel zu erschaffen.
„Merke dir, dass dein Name Rotkehlchen ist!“, sagte unser Herr zu dem Vogel, als er fertig war. Und er setzte ihn auf seine flache Hand und ließ ihn fliegen.
Aber als der Vogel ein Weilchen umhergeflogen war und sich die schöne Erde besehen hatte, auf der er leben sollte, bekam er auch Lust, sich selbst zu betrachten. Da sah er, dass er ganz grau war, und seine Kehle war ebenso grau wie alles andere. Das Rotkehlchen wendete und drehte sich und spiegelte sich im Wasser, aber es konnte keine einzige rote Feder entdecken.
Da flog der Vogel zu unserem Herrn zurück.
Unser Herr thronte gut und milde, aus seinen Händen gingen Schmetterlinge hervor, die um sein Haupt flatterten, Tauben gurrten auf seinen Schultern, und aus dem Boden rings um ihn sprossten die Rose, die Lilie und das Tausendschönchen.
Das Herz des kleinen Vogels pochte heftig vor Bangigkeit, aber in leichten Bogen flog er doch immer näher und näher zu unserem Herrn, und schließlich ließ er sich auf seiner Hand nieder.
Da fragte unser Herr, was sein Begehr wäre.
„Ich möchte dich nur um eines fragen“, sagte der kleine Vogel.
„Was willst du denn wissen?“, fragte unser Herr.
„Warum soll ich Rotkehlchen heißen, wenn ich doch ganz grau bin vom Schnabel bis zum Schwanze? Warum werde ich Rotkehlchen genannt, wenn ich keine einzige rote Feder mein Eigen nenne?“
Und der Vogel sah unseren Herrn mit seinen kleinen schwarzen Äuglein flehend an und wendete das Köpfchen. Ringsum sah er Fasanen, ganz rot unter einem leichten Goldstaub, Papageien mit reichen roten Halskragen, Hähne mit roten Kämmen, ganz zu schweigen von den Schmetterlingen, den Goldfischen und den Rosen. Und natürlich dachte er sich, wie wenig vonnöten wäre nur ein einziger kleiner Tropfen Farbe auf seiner Brust, und er wäre ein schöner Vogel, und sein Name schicke sich für ihn.
„Warum soll ich Rotkehlchen heißen, wenn ich ganz grau bin?“, fragte der Vogel abermals und wartete, dass unser Herr sagen würde:

„Ach, Freundchen, ich sehe, ich habe ganz vergessen, deine Brustfedern rot zu malen, aber wart nur einen Augenblick, dann wird es geschehen." Aber unser Herr lächelte nur still und sagte:
„Ich habe dich Rotkehlchen genannt, und Rotkehlchen sollst du heißen, aber du musst selbst zusehen, dass du dir deine roten Brustfedern verdienst."
Und damit erhob unser Herr die Hand und ließ den Vogel aufs Neue in die Welt hinausfliegen.
Der Vogel flog sehr nachdenklich ins Paradies hinunter. Was sollte wohl ein kleiner Vogel wie er tun können, um sich rote Federn zu verschaffen?
Das Einzige, was ihm einfiel, war, dass er sein Nest in einen Dornenbusch baute. Er nistete zwischen den Stacheln in dem dichten Dornengestrüpp. Es war, als erwarte er, dass ein Rosenblatt an seiner Kehle haften bliebe und ihr seine Farbe gäbe.

Eine unendliche Menge von Jahren war seit diesem Tage verflossen, der der fröhlichste der Erde war. Seit dieser Zeit hatten sowohl die Tiere als auch die Menschen das Paradies verlassen und sich über die Erde verbreitet. Und die Menschen hatten es so weit gebracht, dass sie gelernt hatten, den Boden zu bebauen und das Meer zu befahren, sie hatten sich Kleider und Zierrat geschaffen, ja, sie hatten längst gelernt, große Tempel und mächtige Städte zu bauen wie Theben, Rom und Jerusalem.
Da brach ein neuer Tag an, der auch in der Geschichte der Erde lange nicht vergessen werden sollte, und am Morgen dieses Tages saß das Rotkehlchen auf einem kleinen nackten Hügel vor den Mauern Jerusalems und sang seinen Jungen vor, die in dem kleinen Nest in einem niedrigen Dornenbusch lagen.
Das Rotkehlchen erzählte seinen Kleinen von dem wunderbaren Schöpfungstag und von der Namengebung, wie jedes Rotkehlchen es seinen Kindern erzählt hatte, von dem ersten an, das Gottes Wort gehört hatte und aus Gottes Hand hervorgegangen war.
„Und seht nun", schloss es betrübt, „so viele Jahre sind seit dem Schöpfungstag verflossen, so viele Rosen haben geblüht, so viele junge Vögel sind aus ihren Eiern gekrochen, so viele, dass keiner sie zählen kann, aber das Rotkehlchen ist

noch immer ein kleiner grauer Vogel, es ist ihm noch nicht gelungen, die roten Brustfedern zu erringen."
Die kleinen Jungen rissen ihre Schnäbel weit auf und fragten, ob ihre Vorfahren nicht versucht hätten, irgendeine Großtat zu vollbringen, um die unschätzbare rote Farbe zu erringen.
„Wir haben alle getan, was wir konnten", sagte der kleine Vogel, „aber es ist uns allen misslungen. Schon das erste Rotkehlchen traf einmal einen anderen Vogel, der ihm völlig glich, und es begann sogleich, ihn mit so heftiger Liebe zu lieben, dass es seine Brust erglühen fühlte. Ach, dachte es da, nun verstehe ich es: Der liebe Gott will, dass ich so heiß liebe, dass meine Brustfedern sich von der Liebesglut, die in meinem Herzen wohnt, rot färben. Aber es misslang ihm, wie es allen nach ihm misslungen ist und wie es auch euch misslingen wird."

Die kleinen Jungen zwitscherten betrübt, sie begannen schon darüber zu trauern, dass die rote Farbe ihre kleine flaumige Kehle nicht schmücken sollte.
„Wir hofften auch auf den Gesang", sagte der alte Vogel, in lang gezogenen Tönen sprechend. „Schon das erste Rotkehlchen sang so, dass seine Brust vor Begeisterung schwoll, und es wagte wieder zu hoffen. Ach, dachte es, die Sangesglut, die in meiner Seele wohnt, wird meine Brustfedern rot färben. Aber es täuschte sich, wie alle nach ihm sich getäuscht haben und wie auch ihr euch täuschen werdet."
Wieder hörte man ein trübseliges Piepsen aus den halb nackten Kehlen der Jungen.
„Wir hofften auch auf unseren Mut und unsere Tapferkeit", sagte der Vogel. „Schon das erste Rotkehlchen kämpfte tapfer mit anderen Vögeln, und seine Brust glühte von Kampflust. Ach, dachte es, meine Brustfedern werden sich rot färben von der Kampflust, die in meinem Herzen flammt. Aber es scheiterte, wie alle nach ihm scheiterten und wie auch ihr scheitern werdet."
Die winzigen Jungen piepsten mutig, dass sie es doch versuchen wollten, den erstrebten Preis zu gewinnen, aber der alte Vogel antwortete ihnen betrübt, dass dies unmöglich sei. Was könnten sie hoffen, wenn so viele ausgezeichnete Vorfahren das Ziel nicht erreicht hätten? Was könnten sie mehr tun als lieben, singen und kämpfen? Was könnten ...

Der Vogel hielt mitten im Satze inne, denn aus einem Tore Jerusalems kam eine Menschenmenge gezogen, und die ganze Schar eilte den Hügel hinan, wo der Vogel sein Nest hatte.

Da waren Reiter auf stolzen Rossen, Krieger mit langen Lanzen, Henkersknechte mit Nägeln und Hämmern, da waren würdig einherschreitende Priester und Richter, weinende Frauen und allen voran eine Menge wild umherlaufendes Volk, ein gräuliches, heulendes Geleit von Landstreichern.

Der kleine graue Vogel saß zitternd auf dem Rande seines Nestes. Er fürchtete jeden Augenblick, dass der kleine Dornenbusch niedergetreten und seine kleinen Jungen getötet werden würden. „Nehmt euch in Acht", rief er den kleinen schutzlosen Jungen zu, „kriecht dicht zusammen und verhaltet euch still! Hier kommt ein Pferd, das gerade über uns hingeht! Hier kommt ein Krieger mit eisenbeschlagenen Sandalen! Hier kommt die ganze wilde Schar herangestürmt!"

Mit einem Male hörte der Vogel mit seinen Warnungsrufen auf, er wurde still und stumm. Er vergaß beinahe die Gefahr, in der er schwebte.

Plötzlich hüpfte er in das Nest hinunter und breitete die Flügel über seine Jungen. „Nein, das ist zu entsetzlich", sagte er. „Ich will nicht, dass ihr diesen Anblick seht – da sind drei Missetäter, die gekreuzigt werden sollen."

Und er breitete ängstlich die Flügel aus, sodass die Kleinen nichts sehen konnten. Sie vernahmen nur donnernde Hammerschläge, Klagerufe und das wilde Geschrei des Volkes.

Das Rotkehlchen folgte dem ganzen Schauspiel mit Augen, die sich vor Entsetzen weiteten. Es konnte die Blicke nicht von den drei Unglücklichen wenden.

„Wie grausam die Menschen sind!", sagte der Vogel nach einem Weilchen. „Es ist ihnen nicht genug, dass sie diese armen Wesen ans Kreuz nageln, nein, auf dem Kopfe des einen haben sie noch eine Krone aus stechenden Dornen befestigt."

„Ich sehe, dass die Dornen seine Stirn verwundet haben und das Blut fließt", fuhr es fort. „Und dieser Mann ist so schön und sieht mit so milden Blicken um sich, dass jeder ihn lieben müsste. Mir ist, als ginge eine Pfeilspitze durch mein Herz, wenn ich ihn leiden sehe."

Der kleine Vogel begann ein immer stärkeres Mitleid mit dem Dornengekrönten zu fühlen. „Wenn ich mein Bruder, der Adler, wäre", dachte er, „würde ich die

Nägel aus seinen Händen reißen und mit meinen starken Klauen alle die Leute verscheuchen, die ihn peinigen."

Es sah, wie das Blut auf die Stirn des Gekreuzigten tropfte, und da vermochte es nicht mehr still in seinem Neste zu bleiben.

„Wenn ich auch nur klein und schwach bin, so muss ich doch etwas für diesen armen Gequälten tun können", dachte der Vogel, und er verließ sein Nest und flog hinaus in die Luft, weite Kreise um den Gekreuzigten beschreibend.

Er umkreiste ihn mehrere Male, ohne dass er sich näher zu kommen traute, denn er war ein scheuer kleiner Vogel, der es nie gewagt hatte, sich einem Menschen zu nähern. Aber allmählich fasste er Mut, flog ganz nah hinzu und zog mit seinem Schnabel einen Dorn aus, der in die Stirn des Gekreuzigten gedrungen war. Aber während er dies tat, fiel ein Tropfen von dem Blut des Gekreuzigten auf die Kehle des Vogels. Der verbreitete sich rasch und färbte alle die kleinen zarten Brustfedern.

Wie der Vogel wieder in sein Nest kam, riefen ihm seine kleinen Jungen zu: „Deine Brust ist rot, deine Brustfedern sind roter als Rosen!"

„Es ist nur ein Bluttropfen von der Stirn des armen Mannes", sagte der Vogel. „Er verschwindet, sobald ich in einem Bach bade oder in einer klaren Quelle."

Aber so viel der kleine Vogel auch badete, die rote Farbe verschwand nicht von seiner Kehle, und als seine Kleinen herangewachsen waren, leuchtete die blutrote Farbe auch von ihren Brustfedern, wie sie auf jedes Rotkehlchens Brust und Kehle leuchtet, bis auf den heutigen Tag.

Unser Herr und der heilige Petrus

Es war um die Zeit, als unser Herr und der heilige Petrus eben ins Paradies gekommen waren, nachdem sie während vieler Jahre der Betrübnis auf Erden umhergewandert waren und manches erlitten hatten.

Man kann sich denken, dass dies eine Freude für Sankt Petrus war. Man kann denken, dass es ein anderes Ding war, auf dem Berge des Paradieses zu sitzen und über die Welt hinauszusehen, denn als Bettler von Tür zu Tür zu wandern. Es war ein anderes Ding, in den Lustgärten des Paradieses umherzuschlendern, als auf Erden einherzugehen und nicht zu wissen, ob man in stürmischer Nacht Obdach bekäme oder ob man genötigt sein würde, draußen auf der Landstraße in Kälte und Dunkel weiterzuwandern.

Man muss nur bedenken, welche Freude es gewesen sein muss, nach solcher Reise endlich an den rechten Ort zu kommen. Er hatte wohl nicht immer so sicher sein können, dass alles ein gutes Ende nehmen würde. Er hatte es nicht lassen können, bisweilen zu zweifeln und unruhig zu sein, denn es war ja für Sankt Petrus, den Armen, beinahe unmöglich gewesen zu begreifen, wozu es dienen solle, dass sie ein so schweres Dasein hatten, wenn unser Herr und Heiland der Herr der Welt war.

Und nun sollte nie mehr die Sehnsucht kommen und ihn quälen. Man darf wohl glauben, dass er froh darüber war.

Nun nach all den Jahren konnte er förmlich darüber lachen, wie viel Betrübnis er und unser Herr hatten erdulden und mit wie wenig sie sich hatten begnügen müssen.

Einmal, als es ihnen so übel ergangen war, dass er gemeint hatte, es kaum länger ertragen zu können, hatte unser Herr ihn mit sich genommen und begonnen, einen hohen Berg hinaufzusteigen, ohne ihm zu sagen, was sie dort oben zu tun hätten.

Sie waren an den Städten vorübergewandert, die am Fuße des Berges lagen, und an den Schlössern, die höher oben waren. Sie waren über die Bauernhöfe und Sennhütten hinausgekommen, und sie hatten die Steingrotte des letzten Holzhauers hinter sich gelassen.

Sie waren endlich dorthin gekommen, wo der Berg nackt ohne Pflanzen und Bäume stand und wo ein Eremit sich eine Hütte erbaut hatte, um in Not geratenen Wandersleuten beispringen zu können.
Dann waren sie über die Schneefelder gegangen, wo die Murmeltiere schlafen, und hinauf zu den wilden, zusammengetürmten Eismassen gelangt, bis zu denen kaum ein Steinbock vordringen kann.
Dort oben hatte unser Herr einen kleinen Vogel mit roter Brust gefunden, der erfroren auf dem Eise lag, und er hatte den kleinen Dompfaffen aufgehoben und eingesteckt. Und Sankt Petrus erinnerte sich, dass er neugierig gewesen war, ob dieser Vogel ihr Mittagbrot sein würde.
Sie waren eine lange Strecke über die schlüpfrigen Eisstücke gewandert, und es wollte Sankt Peter bedünken, als wäre er dem Totenreich nie so nah gewesen, denn ein todeskalter Wind und ein todesdunkler Nebel hüllten sie ein, und weit und breit fand sich nichts Lebendes. Und doch waren sie nicht höher gekommen als bis zur Mitte des Berges. Da hatte er unseren Herrn gebeten, umkehren zu dürfen.
„Noch nicht“, sagte unser Herr, „denn ich will dir etwas weisen, was dir den Mut geben wird, alle Sorgen zu tragen.“
Und sie waren durch Nebel und Kälte weitergewandert, bis sie eine unendlich hohe Mauer erreicht hatten, die sie nicht weiterkommen ließ.
„Diese Mauer geht rings um den Berg“, sagte unser Herr, „und du kannst sie an keinem Punkte übersteigen. Auch kann kein Mensch etwas von dem erblicken, was dahinter liegt, denn hier ist es, wo das Paradies anfängt, und hier wohnen die seligen Toten den ganzen Berghang hinauf.“
Da hatte der heilige Petrus es nicht lassen können, ein misstrauisches Gesicht zu machen. „Dort drinnen ist nicht Dunkel und Kälte wie hier“, sagte unser Herr, „sondern dort ist grüner Sommer und heller Schein von Sonnen und Sternen.“
Aber Sankt Petrus vermochte ihm nicht zu glauben.
Da nahm unser Herr den kleinen Vogel, den er vorhin auf dem Eisfelde gefunden hatte, und bog sich zurück und warf ihn über die Mauer, sodass er ins Paradies hineinfiel.
Und gleich darauf hörte der heilige Petrus ein jubelndes, fröhliches Zwitschern und erkannte den Gesang eines Dompfaffen und verwunderte sich sehr.

Er wendete sich an unseren Herrn und sagte: „Lass uns wieder auf die Erde hinuntergehen und alles dulden, was erduldet werden muss, denn nun sehe ich, dass du wahr gesprochen hast und dass es einen Ort gibt, wo das Leben den Tod überwindet."

Und sie waren den Berg hinuntergestiegen und hatten ihre Wanderung aufs Neue begonnen.

Dann hatte Sankt Petrus lange Jahre nichts mehr vom Paradies gesehen, sondern war nur einhergegangen und hatte sich nach dem Lande hinter der Mauer gesehnt. Und jetzt war er endlich dort und brauchte sich nicht mehr zu sehnen, sondern konnte den ganzen Tag mit vollen Händen Freude aus niemals versiegenden Quellen schöpfen.

Aber der heilige Petrus war kaum vierzehn Tage im Paradies angekommen, als es geschah, dass ein Engel zu unserem Herrn kam, der gedankenverloren auf seinem Stuhle saß, sich siebenmal vor ihm neigte und ihm sagte, es müsse ein schweres Unglück über Sankt Petrus gekommen sein. Er wolle weder essen und trinken, und seine Augen wären rot gerändert, als hätte er seit mehreren Nächten nicht geschlafen.

Sobald unser Herr dies vernahm, erhob er sich und ging und suchte Sankt Petrus auf.

Er fand ihn fern an der äußersten Grenze des Paradieses. Er lag auf dem Boden, als wäre er zu ermattet, um stehen zu können, und hatte seine Kleider zerrissen und Asche auf sein Haupt gestreut.

Als unser Herr ihn so betrübt sah, setzte er sich neben ihm auf den Boden und sprach zu ihm, wie er getan hätte, wenn sie noch in der Betrübnis dieser Welt umhergewandert wären.

„Was ist es, was dich so traurig macht, Sankt Petrus?", fragte unser Herr. Aber der Schmerz übermannte Sankt Petrus so sehr, dass er nichts zu antworten vermochte.

„Was ist es, was dich so traurig macht, Sankt Petrus?", fragte unser Herr abermals. Als unser Herr die Frage wiederholte, nahm Sankt Petrus seine Goldkrone vom Kopfe und warf sie unserem Herrn zu Füßen, als wollte er sagen, dass er keinen Teil mehr haben wolle an seiner Ehre und Herrlichkeit.

Aber unser Herr begriff wohl, dass Sankt Petrus zu verzweifelt war, um zu wissen, was er tat, und so zeigte er ihm keinen Zorn. „Du musst mir doch endlich sagen,

was dich quält“, sagte er ebenso sanftmütig wie zuvor und mit noch größerer Liebe in der Stimme.
Jetzt aber sprang Sankt Petrus auf, und da sah unser Herr, dass er nicht nur betrübt war, sondern auch zornig.
„Ich will Urlaub aus deinen Diensten haben“, sagte Sankt Petrus. „Ich kann nicht einen Tag länger im Paradiese bleiben.“
Aber unser Herr suchte ihn zu beschwichtigen, was er früher oft hatte tun müssen, wenn Sankt Petrus aufgebraust war.
„Ich will dich wahrlich nicht hindern zu gehen“, sagte er, „aber erst musst du mir sagen, was dir hier nicht gefällt.“
„Ich kann dir sagen, dass ich mir besseren Lohn versprach, als wir beide drunten auf Erden jede Art Elend erduldeten“, sagte Sankt Petrus. Unser Herr sah, dass Sankt Petri Seele von Bitterkeit erfüllt war, und er fühlte keinen Groll gegen ihn.
„Ich sage dir, dass du frei bist zu ziehen, wohin du willst“, sagte er, „wenn du mich nur wissen lässt, was dich betrübt.“
Da endlich erzählte Sankt Petrus, warum er unglücklich war. „Ich hatte eine alte Mutter“, sagte er, „und sie ist vor ein paar Tagen gestorben.“
„Jetzt weiß ich, was dich quält“, sagte unser Herr. „Du leidest, weil deine Mutter nicht hierher ins Paradies gekommen ist.“
„So ist es“, sagte Sankt Petrus, und zugleich überwältigte ihn der Schmerz so sehr, dass er zu jammern und zu schluchzen anfing.
„Ich meine doch, ich hätte es wohl verdient, dass sie herkommen dürfte“, sagte er.
Als aber unser Herr erfahren hatte, was es war, worüber der heilige Petrus trauerte, wurde er gleichfalls betrübt. Denn Sankt Petri Mutter war nicht so gewesen, dass sie ins Himmelreich hätte kommen können. Sie hatte nie an etwas anderes gedacht, als Geld zu sammeln; und armen Leuten, die vor ihre Tür gekommen waren, hatte sie niemals auch nur einen Groschen oder einen Bissen Brot gegeben. Aber unser Herr verstand es wohl: Sankt Petrus konnte es unmöglich wünschen, dass seine Mutter so geizig gewesen war, dass sie die Seligkeit nicht genießen konnte.
„Sankt Petrus“, sagte er, „woher weißt du, dass deine Mutter sich bei uns glücklich fühlen würde?“

„Sieh, das sagst du nur, damit du mich nicht zu erhören brauchst“, sagte Sankt Petrus. „Wer sollte sich im Paradies nicht glücklich fühlen?“

„Wer nicht Freude über die Freude anderer fühlt, kann hier nicht glücklich sein“, sagte unser Herr.

„Dann sind noch andere hier als meine Mutter, die nicht hereinpassen“, sagte Sankt Petrus, und unser Herr merkte, dass er damit ihn im Sinne hatte.

Und er war tief betrübt, weil Sankt Petrus von einem so schweren Kummer getroffen war, dass er nicht mehr wusste, was er sagte. Er blieb eine Weile stehen und wartete, ob Sankt Petrus nicht bereute und einsähe, dass seine Mutter nicht ins Paradies gehörte, aber der wollte gar nicht zu Vernunft kommen.

Da rief unser Herr einen Engel zu sich und befahl ihm, zur Hölle hinunterzufahren und die Mutter des heiligen Petrus ins Paradies heraufzuholen.

„Lass mich dann auch sehen, wie er sie herausholt“, sagte Sankt Petrus. Unser Herr nahm Sankt Petrus an der Hand und führte ihn auf einen Felsen hinaus, der auf der einen Seite kerzengerade und jäh abfiel. Und er zeigte ihm, dass er sich nur ein klein wenig über den Rand zu beugen brauchte, um gerade in die Hölle hinunterzusehen.

Als Sankt Petrus hinunterschaute, konnte er im Anfang nicht mehr unterscheiden, als wenn er in einen Brunnen hinabgesehen hätte. Es war, als öffne sich ein unendlicher schwarzer Schlund unter ihm. Das Erste, was er undeutlich unterschied, war der Engel, der sich schon auf den Weg in den Abgrund gemacht hatte. Er sah, wie er ohne jede Furcht in das große Dunkel hinuntereilte und nur die Flügel ein wenig ausbreitete, um nicht zu heftig zu fallen.

Aber als Sankt Petrus seine Augen ein bisschen daran gewöhnt hatte, fing er an, mehr und immer mehr zu sehen. Er begriff zunächst, dass das Paradies auf einem Ringberge lag, der eine weite Kluft einschloss, und in der Tiefe dieser Kluft hatten die Verdammten ihre Wohnstatt. Er sah, wie der Engel eine lange Weile fiel und fiel, ohne in die Tiefe hinunterzukommen. Er war ganz erschrocken darüber, dass es ein so weiter Weg war.

„Möchte er doch nur wieder mit meiner Mutter heraufkommen können“, sagte er.

Unser Heiland blickte nur mit großen, traurigen Augen auf Sankt Petrus. „Es gibt keine Last, die mein Engel nicht heben könnte“, sagte er.

Es ging so tief hinein in den Abgrund, dass kein Sonnenstrahl dorthin dringen konnte, sondern schwarze Schatten dort herrschten. Aber nun war es, als hätte der Engel mit seinem Fluge ein wenig Klarheit und Licht hingebracht, sodass es Sankt Petrus möglich wurde zu unterscheiden, wie es dort unten aussah.
Da war eine unendliche schwarze Felsenwüste, scharfe, spitzige Klippen deckten den ganzen Grund, und zwischen ihnen blinkten Tümpel von schwarzem Wasser. Kein grünes Hälmchen, kein Baum, kein Zeichen des Lebens fand sich da.
Aber überall auf die scharfen Felsen waren die unseligen Toten hinaufgeklettert. Sie hingen über den Felsenspitzen, die sie in der Hoffnung erklettert hatten, sich aus der Kluft emporschwingen zu können, und als sie gesehen hatten, dass sie nirgend hinzukommen vermochten, waren sie dort oben verblieben, vor Verzweiflung versteinert.
Sankt Petrus sah einige von ihnen sitzen oder liegen, die Arme in ewiger Sehnsucht ausgestreckt, die Augen unverwandt nach oben gerichtet. Andere hatten die Hände vors Gesicht geschlagen, wie um das hoffnungslose Grauen um sich nicht sehen zu müssen. Sie waren alle reglos, keiner von ihnen bewegte sich. Manche lagen, ohne sich zu rühren, in den Wassertümpeln, ohne zu versuchen herauszukommen.
Das Entsetzlichste war, dass ihrer eine solche Menge waren. Es war, als bestünde der Grund der Kluft aus nichts anderem als aus Leibern und Köpfen.
Und Sankt Petrus ward von einer neuen Unruhe gepackt. „Du wirst sehen, er findet sie nicht“, sagte er zu unserem Herrn.
Unser Herr sah ihn nur mit demselben betrübten Blick an wie zuvor. Er wusste wohl, dass Sankt Petrus sich wegen des Engels nicht zu beunruhigen brauchte.
Aber für Sankt Petrus hatte es noch immer den Anschein, als ob der Engel seine Mutter unter der großen Menge von Unseligen nicht gleich finden könnte. Er breitete die Flügel aus und schwebte über dem Abgrund hin und her, indes er sie suchte.
Auf einmal gewahrte einer der unseligen Verdammten unten im Abgrunde den Engel. Und er sprang auf und streckte die Arme zu ihm empor und rief: „Nimm mich mit, nimm mich mit!“
Da kam auf einmal Leben in die ganze Schar. Alle Millionen und Millionen, die unten in der Hölle verschmachteten, sprangen in demselben Augenblick auf und

hoben ihre Arme und riefen den Engel an, er möchte sie hinauf zu dem seligen Paradies führen.

Ihre Schreie drangen bis zu unserem Herrn und Sankt Petrus hinauf, und ihre Herzen bebten vor Schmerz, als sie es hörten.

Der Engel hielt sich schwebend hoch über den Verdammten, aber wie er hin und her glitt, um die zu entdecken, die er suchte, stürmten sie alle ihm nach, dass es aussah, als würden sie von einer Windsbraut dahingefegt.

Endlich hatte der Engel die erblickt, die er holen sollte. Er faltete die Flügel auf dem Rücken zusammen und schoss hinab wie ein Pfeil. Und Sankt Petrus schrie in frohem Erstaunen auf, als er ihn den Arm um seine Mutter schlingen und sie emporheben sah.

„Selig seist du, der mir die Mutter zuführt!", sagte er.

Unser Herr legte seine Hand warnend auf des heiligen Petrus Schultern, als wollte er ihn abhalten, sich zu früh der Freude hinzugeben.

Aber Sankt Petrus war nahe daran, vor Glück zu weinen, weil seine Mutter gerettet war, und er konnte nicht verstehen, dass sie noch etwas trennen könnte. Und noch größere Freude bereitete es ihm zu sehen, dass einige der Verdammten, so hurtig der Engel auch gewesen war, als er seine Mutter emporhob, doch noch behänder waren, sodass sie sich an sie, die erlöst werden sollte, hängten, um zugleich mit ihr ins Paradies geführt zu werden.

Es waren ihrer etwa ein Dutzend, die sich an die alte Frau gehängt hatten, und Sankt Petrus dachte, dass es eine große Ehre für seine Mutter wäre, so vielen Unglücklichen aus der Verdammnis zu helfen.

Der Engel tat auch nichts, um sie zu hindern. Er schien von der Bürde gar nicht beschwert, sondern stieg nur und stieg, und er regte die Schwingen nicht mühsamer, als wenn er ein totes Vögelchen zum Himmel getragen hätte.

Aber da sah Sankt Petrus, wie seine Mutter anfing, die Unseligen von sich loszureißen, die an ihr festhingen. Sie packte ihre Hände und löste deren Griff, sodass einer nach dem anderen hinuntertaumelte in die Hölle.

Sankt Petrus konnte hören, wie sie baten und sie anflehten, aber die alte Frau schien es nicht dulden zu wollen, dass ein anderer außer ihr selbst selig werde. Sie machte sich von einem nach dem anderen frei und ließ sie hinab ins Elend stürzen. Der ganze Raum wurde von Wehrufen und Verwünschungen erfüllt.

Da rief Sankt Petrus und bat seine Mutter, sie solle doch Barmherzigkeit zeigen, aber sie wollte nichts hören, sondern fuhr fort, wie sie begonnen hatte.
Und Sankt Petrus sah, wie der Engel immer langsamer und langsamer flog, je leichter seine Bürde wurde, und da wurde Sankt Petrus von solcher Angst gepackt, dass ihm seine Beine den Dienst versagten und er auf die Knie sinken musste.
Endlich war nur eine einzige übrig, die sich an Sankt Petrus Mutter festhielt. Es war eine junge Frau, die ihr am Halse hing und dicht an ihrem Ohr flehte und bat, sie möchte sie mit in das gesegnete Paradies lassen. Da war der Engel mit seiner Bürde so weit gekommen, dass Sankt Petrus schon die Arme ausstreckte, um die Mutter zu empfangen. Es schien ihm, als ob der Engel nur noch ein paar Flügelschläge zu machen brauchte, um oben auf dem Berge zu sein.
Aber da hielt der Engel auf einmal die Schwingen ganz still, und sein Gesicht wurde düster wie die Nacht.
Denn jetzt streckte die alte Frau die Hände nach rückwärts und ergriff die andere, die an ihrem Halse hing, bei den Armen und riss und zerrte, bis es ihr glückte, die verschlungenen Hände zu trennen, sodass sie auch von der letzten befreit wurde.
Als die Unselige fiel, sank der Engel mehrere Klafter tiefer, und es sah aus, als vermöchte er nicht mehr, die Schwingen zu heben.
Mit tief betrübten Blicken sah er auf die alte Frau hinunter, sein Griff um ihren Leib lockerte sich, und er ließ sie fallen, als sei sie eine allzu schwere Bürde für ihn, jetzt, da sie allein geblieben war.
Dann schwang er sich mit einem einzigen Flügelschlage ins Paradies hinauf.
Aber Sankt Petrus blieb lange auf derselben Stelle liegen und schluchzte, und unser Herr stand still neben ihm.
„Sankt Petrus“, sagte unser Herr endlich, „nimmer hätte ich geglaubt, dass du so weinen würdest, nachdem du ins Paradies gekommen warst.“
Da erhob Gottes alter Diener sein Haupt und antwortete: „Was ist das für ein Paradies, wo ich meiner Liebsten Jammer höre und meiner Mitmenschen Leiden sehe.“
Aber unseres Herrn Angesicht verdüsterte sich in tiefstem Schmerze. „Was wollte ich lieber, als euch allen ein Paradies von eitel hellem Glück bereiten?“, sagte er.

„Begreifst du nicht, dass ich um dessentwillen zu den Menschen hinunterging und sie lehrte, ihre Nächsten zu lieben wie sich selbst. Solange sie dies nicht tun, gibt es keine Freistatt, weder im Himmel noch auf Erden, wo Schmerz und Betrübnis sie nicht zu ereilen vermöchten."

Die Lichtflamme

I

Vor vielen, vielen Jahren, als die Stadt Florenz sich vor ganz kurzer Zeit zur Republik gemacht hatte, lebte dort ein Mann, der Raniero di Ranieri hieß. Er war der Sohn eines Waffenschmieds und hatte seines Vaters Gewerbe erlernt, aber er übte es nicht sonderlich gern aus.

Dieser Raniero war ein sehr starker Mann. Es hieß von ihm, dass er eine schwere Eisenrüstung ebenso leicht trüge wie ein anderer ein Seidenhemd. Er war ein noch junger Mann, aber er hatte schon viele Proben seiner Kraft gezeigt. Einmal war er in einem Hause gewesen, wo sie Korn auf den Dachboden gelegt hatten. Aber es war dort oben zu viel Korn aufgehäuft, und während Raniero sich in dem Hause befand, brach einer der Dachbalken, und das ganze Dach war im Begriff einzustürzen. Da waren alle fortgeeilt bis auf Raniero. Er hatte die Arme emporgereckt und sie gegen das Dach gestemmt, bis die Leute Balken und Pfähle geholt hatten, um es zu stützen.

Es hieß von Raniero auch, dass er der tapferste Mann wäre, den es jemals in Florenz gegeben hätte, und dass er am Kampfe niemals genug haben könnte. Sobald er von der Straße irgendeinen Lärm hörte, stürzte er aus der Werkstatt in der Hoffnung, dass eine Schlägerei entstanden sei, an der er teilnehmen könne. Wenn er nur vom Leder ziehen konnte, kämpfte er ebenso gern mit schlichten Landleuten wie mit eisengepanzerten Rittern. Er stürzte sich wie ein Rasender in den Kampf, ohne seine Gegner zu zählen.

Nun war Florenz zu dieser Zeit nicht besonders mächtig. Die Bevölkerung bestand zum größten Teil aus Wollspinnern und Tuchwebern, und diese begehrten nichts anderes, als in Frieden ihre Arbeit zu verrichten. Es gab tüchtige Kerle genug, aber sie waren nicht kampflustig, sondern setzten eine Ehre darein, dass in ihrer Stadt bessere Ordnung herrsche als anderswo. Raniero klagte oft darüber, dass er nicht in einem Lande geboren war, wo ein König herrschte, der tapfere Männer um sich scharte, und er sagte, dass er in diesem Falle zu hohen Ehren und Würdengekommen wäre.

Raniero war großsprecherisch und laut, grausam gegen Tiere, hart gegen seine Frau; es war nicht gut mit ihm leben. Er wäre ein schöner Mann gewesen, wenn er nicht quer über das Gesicht mehrere tiefe Narben gehabt hätte, die ihn entstellten. Er war rasch von Entschlüssen, und seine Art zu handeln war groß, wenn auch oft gewaltsam.

Raniero war mit Francesca vermählt, die die Tochter Jacopo degli Ubertis war, eines weisen und mächtigen Mannes. Jacopo hatte sich nicht gern dazu verstanden, seine Tochter einem solchen Raufbold wie Raniero zu geben, sondern er hatte sich der Heirat so lange wie möglich widersetzt. Aber Francesca hatte ihn gezwungen nachzugeben, indem sie sagte, sie würde niemals einen anderen heiraten. Als Jacopo endlich seine Einwilligung gab, sagte er zu Raniero: „Ich glaube erfahren zu haben, dass Männer wie du die Liebe einer Frau leichter gewinnen als behalten, darum will ich dir ein Versprechen abnehmen: Wenn meine Tochter bei dir ein so schweres Leben haben sollte, dass sie zu mir zurückkehren will, darfst du sie nicht daran hindern." Francesca sagte, es sei unnötig, ihm ein solches Versprechen abzunehmen, denn sie habe Raniero so lieb, dass nichts sie von ihm trennen könne. Aber Raniero gab das Versprechen sogleich. „Dessen kannst du sicher sein, Jacopo", sagte er, „dass ich nicht versuchen werde, ein Weib zurückzuhalten, das mir entfliehen will."

Francesca zog nun zu Raniero, und alles zwischen ihnen war gut. Als sie ein paar Wochen verheiratet waren, kam es Raniero in den Sinn, sich im Scheibenschießen zu üben. Er schoss ein paar Tage lang auf eine Tafel, die an einer Mauer hing. Er wurde bald sehr geschickt und traf jedes Mal ins Schwarze. Schließlich wollte er jedoch versuchen, nach einem schwereren Ziel zu schießen. Er sah sich nach etwas Geeignetem um, entdeckte aber nichts außer einer Wachtel, die in einem Bauer über der Hoftür saß. Der Vogel gehörte Francesca, und sie hatte ihn sehr lieb, aber Raniero schickte gleichwohl einen Knecht hin, damit er den Käfig öffne, und schoss die Wachtel, als sie sich in die Luft schwang.

Dies schien ihm ein guter Schuss, und er rühmte sich seiner vor jedem, der es hören wollte.

Als Francesca erfuhr, dass Raniero ihren Vogel totgeschossen hatte, erblasste sie und sah ihn groß an. Sie wunderte sich, dass er etwas hatte tun mögen, was ihr Schmerz verursachen musste. Aber sie verzieh ihm sogleich und liebte ihn wie zuvor.

Wieder ging eine Zeitlang alles gut.
Ranieros Schwiegervater Jacopo war Leinenweber. Er hatte eine große Werkstatt, wo es viel zu tun gab. Raniero glaubte herausgefunden zu haben, dass in Jacopos Werkstatt Hanf in den Flachs gemischt werde, und behielt das nicht für sich, sondern sprach hier und dort in der ganzen Stadt davon. Endlich kam dieses Gerede auch Jacopo zu Ohren, und er suchte ihm sogleich ein Ende zu machen. Er ließ von mehreren anderen Leinenwebern sein Garn und seine Gewebe untersuchen, und sie fanden, dass alles der feinste Flachs war. Nur in einem Packen, der außerhalb der Stadt Florenz verkauft werden sollte, fanden sie eine kleine Beimischung. Da sagte Jacopo, dass die Betrügerei ohne sein Wissen und seinen Willen von irgendeinem seiner Gesellen begangen worden sein müsse. Er sah jedoch selbst ein, dass es ihm schwerfallen würde, die Leute zu bewegen, dies zu glauben. Er hatte immer im Ruf großer Redlichkeit gestanden und empfand es schwer, dass seine Ehre befleckt worden war.
Raniero hingegen brüstete sich, dass es ihm gelungen war, einen Betrug zu entlarven, und prahlte damit, auch wenn Francesca es hörte.
Sie fühlte großen Kummer und zugleich große Verwunderung wie damals als er den Vogel totschoss. Während sie noch daran dachte, war es ihr plötzlich, als sähe sie ihre Liebe vor sich, und sie war wie ein großes Stück leuchtenden Goldstoffes. Sie konnte sehen, wie groß die Liebe war und wie schimmernd. Aber aus der einen Ecke war ein Zipfelchen fortgeschnitten, sodass sie nicht mehr so groß und herrlich war, wie anfangs.
Immerhin war sie noch so wenig beschädigt, dass Francesca dachte: Sie wird schon so lange reichen, wie ich lebe. Sie ist so groß, dass sie nie ein Ende nehmen kann.
Wieder verging eine Zeit, in der sie und Raniero ebenso glücklich waren wie zu Anfang.
Francesca hatte einen Bruder, der Taddeo hieß. Der war auf einer Geschäftsreise in Venedig gewesen, und dort hatte er sich Kleider aus Samt und Seide gekauft. Als er heimkam, ging er herum und prahlte damit, aber in Florenz war es nicht der Brauch, kostbar gekleidet zu gehen, sodass ihrer viele waren, die sich darüber lustig machten.
Eines Nachts waren Taddeo und Raniero in einer Weinschenke. Taddeo hatte einen grünen Mantel mit Zobelfutter und ein violettes Wams an. Raniero ver-

lockte ihn nun, so viel Wein zu trinken, dass er einschlief, dann nahm er ihm seinen Mantel ab und hängte ihn einer Vogelscheuche um, die in einem Kohlbeet stand.

Als Francesca dies erfuhr, grollte sie Raniero wieder. Und zu gleicher Zeit sah sie im Geiste das große Stück Goldstoff vor sich, das ihre Liebe war, und sie vermeinte zu sehen, wie es kleiner wurde, weil Raniero Stück für Stück abschnitt. Danach wurde es zwischen ihnen wieder für eine Zeit gut, aber Francesca war nicht mehr so glücklich wie zuvor, weil sie immer erwartete, Raniero würde eine Tat begehen, die ihrer Liebe schaden könnte.

Das ließ auch nicht lange auf sich warten, denn Raniero konnte sich nicht lange ruhig verhalten. Er wollte, dass die Menschen immer von ihm sprächen und seinen Mut und seine Unerschrockenheit rühmten.

An der Domkirche, die damals in Florenz stand und die viel kleiner war als die jetzige, hing hoch oben auf dem einen Turm ein großer, schwerer Schild; der war von einem der Vorfahren Francescas dort aufgehängt worden. Es soll der schwerste Schild gewesen sein, den ein Mann in Florenz zu tragen vermochte, und das ganze Geschlecht der Uberti war stolz darauf, dass einer von den Ihren es vermocht hatte, den Turm zu erklettern und ihn dort aufzuhängen.

Aber nun klomm Raniero eines Tages zu dem Schilde hinauf, hängte ihn sich auf den Rücken und kam damit herunter.

Als Francesca dies vernahm, sprach sie zum ersten Male mit Raniero darüber, was sie quälte, und bat ihn, er solle nicht versuchen, solchermaßen den Stamm zu demütigen, dem sie angehörte. Raniero, der erwartet hatte, dass sie ihn ob seiner Heldentat rühmen würde, wurde sehr zornig. Er sagte, er merke schon lange, dass sie sich seiner Erfolge nicht freue, sondern nur an ihr eigenes Geschlecht denke. – „Ich denke an etwas anderes“, sagte Francesca, „das ist meine Liebe. Ich weiß nicht, wie es ihr ergehen soll, wenn du so fortfährst.“

Von da ab wechselten sie oftmals böse Worte, denn es zeigte sich, dass Raniero fast immer gerade das tat, was Francesca am wenigsten ertragen konnte.

Es gab in Ranieros Werkstatt einen Gesellen, der klein und hinkend war. Dieser Bursche hatte Francesca geliebt, bevor sie sich verheiratete, und er fuhr auch nach ihrer Heirat fort, sie zu lieben. Raniero, der darum wusste, ließ es sich angelegen sein, ihn zu hänseln, zumal wenn sie bei Tische saßen. Es kam schließlich dazu, dass sich dieser Mann, der es nicht ertragen konnte, in Francescas Gegenwart zum Gespött gemacht zu werden, einmal auf Raniero stürzte und mit ihm kämpfen wollte. Aber Raniero hohnlachte nur und stieß ihn beiseite. Da wollte der Arme nicht länger leben, sondern ging hin und erhängte sich.

Als dies geschah, waren Raniero und Francesca ungefähr ein Jahr verheiratet. Francesca sah ihre Liebe noch immer als ein schimmerndes Stück Stoff vor sich, aber auf allen Seiten waren große Stücke weggeschnitten, sodass es kaum halb so groß war, als es anfangs gewesen war.

Sie erschrak sehr, als sie dies sah, und dachte: Bleibe ich noch ein Jahr bei Raniero, so wird er meine Liebe zerstört haben. Ich werde ebenso arm sein, wie ich bisher reich gewesen bin.

Da entschloss sie sich, Ranieros Haus zu verlassen und zu ihrem Vater zu gehen und bei ihm zu leben. Auf dass nicht einmal der Tag käme, an dem sie Raniero ebenso sehr hasste, wie sie ihn jetzt liebte!

Jacopo degli Uberti saß an seinem Webstuhl, und alle seine Gesellen arbeiteten um ihn her, als er sie kommen sah. Er sagte, nun sei das eingetroffen, was er schon lange erwartet hätte, und hieß sie willkommen. Er ließ seine Leute sogleich die Arbeit unterbrechen und befahl ihnen, sich zu bewaffnen und das Haus zu verschließen.

Dann begab sich Jacopo zu Raniero. Er traf ihn in der Werkstatt. „Meine Tochter ist heute zu mir zurückgekehrt und hat mich gebeten, wieder unter meinem Dache leben zu dürfen“, sagte er zu seinem Eidam. „Und jetzt erwarte ich, dass du sie nicht zwingst, zu dir zurückzukehren getreu dem Versprechen, das du mir gegeben hast.“

Raniero schien das nicht sehr ernst zu nehmen, sondern antwortete gleichmütig: „Auch wenn ich dir kein Versprechen gegeben hätte, würde ich nicht verlangen, eine Frau zurückzubekommen, die mir nicht angehören will.“

Er wusste, wie sehr Francesca ihn liebte, und sagte zu sich selbst: Ehe der Abend anbricht, ist sie wieder bei mir.

Sie ließ sich jedoch weder an diesem Tage noch am folgenden blicken.

Am dritten Tage zog Raniero aus und verfolgte ein paar Räuber, die die florentinischen Kaufleute seit Langem beunruhigt hatten. Es gelang ihm, sie zu überwinden, und er brachte sie als Gefangene nach Florenz.

Ein paar Tage verhielt er sich still, bis er gewiss sein konnte, dass diese Heldentat in der ganzen Stadt bekannt wäre. Es kam aber nicht so, wie er erwartet hatte, und auch dies führte Francesca nicht zu ihm zurück.

Raniero hätte nun die größte Lust gehabt, sie durch Gesetz und Recht zu zwingen, zu ihm zurückzukehren, aber er glaubte, dass er dies seines Versprechens wegen nicht tun könne. Es schien ihm aber unmöglich, in derselben Stadt mit einer Frau zu leben, die ihn verlassen hatte, und er zog von Florenz fort.

Er wurde zuerst Söldner, und gar bald machte er sich zum Anführer einer Freischar. Er war immer im Kriege und diente vielen Herren.

Er gewann viel Ehre als Krieger, wie er von jeher vorausgesagt hatte. Er wurde vom Kaiser zum Ritter geschlagen und wurde zu den mächtigen Männern gezählt. Bevor er Florenz verließ, hatte er vor einem heiligen Madonnenbild in der Domkirche das Gelöbnis abgelegt, der Heiligen Jungfrau das beste und vornehmste zu schenken, was er in jedem Kampf erbeuten würde. Vor diesem Bilde sah man immer kostbare Gaben, die von Raniero gespendet waren.

Raniero wusste also, dass alle seine Heldentaten in seiner Geburtsstadt bekannt waren. Er wunderte sich sehr, dass Francesca degli Uberti nicht zu ihm zurückkam, obgleich sie alle seine Erfolge kannte.

Um diese Zeit wurde zu einem Kreuzzug zur Befreiung des Heiligen Grabes gepredigt, und Raniero nahm das Kreuz und zog ins Morgenland. Denn einmal erwartete er, dass er dort Schlösser und Land gewinnen würde, um darüber zu regieren, und dann dachte er, dass er dadurch in die Lage käme, so glänzende Heldentaten zu vollbringen, dass sein Weib ihn wieder lieb gewänne und zu ihm zurückkehrte.

II

In der Nacht nach dem Tage, an dem Jerusalem erobert worden war, herrschte in dem Lager der Kreuzfahrer vor der Stadt große Freude. Fast in jedem Zelt wurden Trinkgelage abgehalten, und das Lachen und Lärmen wurde weit im Umkreise gehört.

Raniero di Ranieri saß mit einigen Kampfgenossen beim Wein, und bei ihm ging es fast noch wilder zu als sonst irgendwo. Die Knappen hatten die Becher kaum gefüllt, als sie auch schon wieder leer waren. Aber Raniero hatte auch die meiste Ursache, ein großes Fest zu feiern, denn er hatte an diesem Tage höhere Ehre gewonnen denn je zuvor. Am Morgen, als die Stadt gestürmt wurde, war er nächst Gottfried von Bouillon der Erste gewesen, der die Mauern erstiegen hatte, und am Abend war er für seine Tapferkeit vor dem ganzen Heer geehrt worden.

Als das Plündern und Morden ein Ende genommen hatte und die Kreuzfahrer in Büßermänteln mit unentzündeten Wachskerzen in den Händen in die heilige Grabeskirche eingezogen waren, war ihm nämlich von Gottfried verkündet worden, dass er der Erste sein solle, der seine Kerze an den heiligen Flammen entzünden dürfe, die vor Christi Grab brennen. Es schien Raniero, dass Gottfried ihm damit zeigen wolle, dass er ihn für den Tapfersten im ganzen Heer ansehe; und er freute sich sehr über die Art, wie er für seine Heldentaten belohnt worden war.

Bei einbrechender Nacht, als Raniero und seine Gäste in bester Laune waren, kamen ein Narr und ein paar Spielleute, die überall im Lager umhergewandert waren und alle mit ihren Einfällen ergötzt hatten, in Ranieros Zelt, und der Narr bat um die Erlaubnis, ein spaßhaftes Abenteuer erzählen zu dürfen.

Raniero wusste, dass dieser Narr im Ruf großer Lustigkeit stand, und versprach seiner Erzählung Gehör zu schenken.

„Es begab sich einmal", sagte der Narr, „dass unser Herr und der heilige Petrus einen ganzen Tag auf dem höchsten Turme der Burg des Paradieses gesessen und auf die Erde hinuntergesehen hatten. Sie hatten so viel anzugucken gehabt, dass sie kaum Zeit gefunden hatten, ein Wort miteinander zu wechseln. Unser Herr

hatte sich die ganze Zeit still verhalten, aber der heilige Petrus hatte bald vor Freude in die Hände geklatscht und bald wieder den Kopf mit Abscheu abgewendet. Bald hatte er gelächelt und gejubelt, und bald hatte er geweint und gejammert. Endlich, als der Tag zur Neige ging und die Abenddämmerung sich auf das Paradies senkte, wendete sich unser Heiland an den heiligen Petrus und sagte, nun müsse er wohl froh und zufrieden sein. ‚Womit sollte ich wohl zufrieden sein?', fragte da Sankt Petrus in heftigem Tone. – ‚Je nun', sagte unser Herr sanftmütig, ‚ich glaubte, du würdest mit dem, was du heute gesehen hast, zufrieden sein.' – Aber der heilige Petrus wollte sich nicht besänftigen lassen. – ‚Es ist ja wahr', sagte er, ‚dass ich so manches liebe Jahr darüber geklagt habe, dass Jerusalem in der Gewalt der Ungläubigen ist, aber nach allem, was sich heute zugetragen hat, meine ich, dass es ebenso gut hätte bleiben können, wie es war'."
Raniero begriff nun, dass der Narr davon sprach, was im Laufe des Tages geschehen war. Er und die anderen Ritter begannen nun mit größerer Teilnahme zuzuhören als im Anfang.
„Als der heilige Petrus dies gesagt hatte", fuhr der Narr fort, indem er einen pfiffigen Blick auf die Ritter warf, „beugte er sich über die Zinnen des Turmes und wies zur Erde hinunter. Er zeigte unserem Herrn eine Stadt, die auf einem großen einsamen Felsen lag, der aus einem Gebirgstal aufragte. ‚Siehst du diese Leichenhaufen', sagte er, ‚und siehst du das Blut, das über die Straßen strömt, und siehst du die nackten elenden Gefangenen, die in der Nachtkälte jammern, und siehst du alle die rauchenden Brandstätten?' Unser Herr schien ihm nichts erwidern zu wollen, und der heilige Petrus fuhr mit seinem Gejammer fort. Er sagte, wohl habe er dieser Stadt oft gezürnt, aber so übel habe er ihr doch nicht gewollt, dass es dort einmal so aussehen solle. Da endlich antwortete unser Herr und versuchte einen Einwand. – ‚Du kannst doch nicht leugnen, dass die christlichen Ritter ihr Leben mit der größten Unerschrockenheit gewagt haben', sagte er."
Hier wurde der Narr von Beifallsrufen unterbrochen, aber er beeilte sich fortzufahren.
„Nein, stört mich nicht", bat er. „Jetzt weiß ich nicht mehr, wo ich geblieben war. Ja, richtig, ich wollte eben sagen, dass der heilige Petrus sich ein paar Tränen wegwischte, die ihm in die Augen getreten waren und ihn am Sehen hinderten.

‚Nie hätte ich geglaubt, dass sie solch wilde Tiere sein würden‘, sagte er. ‚Sie haben ja den ganzen Tag gemordet und geplündert. Ich verstehe gar nicht, dass du es dir einfallen lassen konntest, dich kreuzigen zu lassen, um dir solche Bekenner zu schaffen.‘“

Die Ritter nahmen den Scherz gut auf. Sie begannen laut und fröhlich zu lachen.

„Was, Narr, der heilige Petrus ist wirklich so böse auf uns?“, rief einer von ihnen.

„Sei jetzt still und lass uns hören, ob unser Herr uns nicht in Schutz genommen hat!“, fiel ein anderer ein.

„Nein, unser Herr schwieg fürs Erste still“, sagte der Narr. „Er wusste von alters her: Wenn Sankt Petrus so recht in Eifer gekommen war, war es vergebliche Mühe, ihm zu widersprechen. Er eiferte weiter und sagte, unser Herr möge nicht einwenden, dass sie sich schließlich doch erinnert hätten, in welche Stadt sie gekommen waren und auf bloßen Füßen im Büßergewand in die Kirche gegangen wären. Diese Andacht hätte ja gar nicht so lange gedauert, dass es überhaupt lohnte, davon zu sprechen. Und dann beugte er sich noch einmal über die Brüstung hinaus und wies auf Jerusalem hinunter. Er deutete auf das Lager der Christen davor. ‚Siehst du, wie deine Ritter ihren Sieg feiern?‘, fragte er. Und unser Herr sah, dass überall im Lager Trinkgelage gefeiert wurden. Ritter und Knechte saßen da und sahen syrischen Tänzerinnen zu. Gefüllte Becher kreisten, man würfelte um die Kriegsbeute, und ...“

„Man hörte Narren an, die alberne Geschichten erzählten“, fiel Raniero ein. „War das nicht auch eine große Sünde?“

Der Narr lachte und nickte Raniero zu, als wollte er sagen: Na, warte nur, ich zahl dir’s schon heim.

„Nein, unterbrecht mich nicht“, bat er abermals, „ein armer Narr vergisst so leicht, was er sagen wollte. Ja, richtig, der heilige Petrus fragte unseren Herrn mit der strengsten Stimme, ob er meine, dass ihm dieses Volk große Ehre mache. Darauf musste unser Herr natürlich antworten, dass er das nicht meine. ‚Sie waren Räuber und Mörder, ehe sie von daheim auszogen‘, sagte Sankt Petrus, ‚und Räuber und Mörder sind sie auch heute noch. Dieses Unternehmen hättest du ebensogut ungeschehen lassen können. Es kommt nichts Gutes dabei heraus.‘“

„Na, na, Narr!“, sagte Raniero mit warnender Stimme.

Aber der Narr schien eine Ehre darein zu setzen zu probieren, wie weit er gehen könne, ohne dass jemand aufspränge und ihn hinauswürfe, und er fuhr unerschrocken fort:

„Unser Herr neigte nur den Kopf wie einer, der zugesteht, dass er gerecht gestraft wird. Aber beinahe in demselben Augenblick beugte er sich eifrig vor und sah mit noch größerer Aufmerksamkeit als vorher hinunter. Da guckte Sankt Petrus ebenfalls hin. ‚Wonach blickst du denn aus?', fragte er."

Der Narr erzählte dies mit sehr lebhaftem Mienenspiel. Alle Ritter sahen sowohl unseren Herrn als auch Sankt Petrus vor Augen, und sie waren begierig was es wohl sein mochte, was unser Herr erblickt haben sollte.

„Unser Herr antwortete, es sei nichts besonders", sagte der Narr, „aber er ließ auf jeden Fall nicht davon ab hinabzublicken. Sankt Petrus folgte der Richtung der Blicke unseres Herrn, und er konnte nichts anderes finden, als dass unser Herr dasaß und in ein großes Zelt hinuntersah, vor dem ein paar Sarazenenköpfe auf lange Lanzen gespießt waren und wo eine Menge prächtiger Teppiche, goldener Tischgefäße und kostbarer Waffen, die in der Heiligen Stadt erbeutet waren, aufgestapelt lagen. In diesem Zelt ging es ebenso zu wie sonst überall im Lager. Da saß eine Schar Ritter und leerte die Becher. Der einzige Unterschied mochte sein, dass hier noch mehr gelärmt und gezecht wurde als an irgendeinem anderen Orte. Der heilige Petrus konnte nicht verstehen, warum unser Herr, als er dorthin blickte, so vergnügt war, dass ihm die Freude förmlich aus den Augen leuchtete. So viele strenge und furchtbare Gesichter, wie er dort erblickte, glaubte er kaum je um einen Zechtisch versammelt gesehen zu haben. Und der Wirt bei dem Gastmahl, der am oberen Tischende saß, war der entsetzlichste von allen. Es war ein etwa fünfunddreißigjähriger Mann, furchtbar groß und grob, mit einem roten Gesicht, das von Narben und Schrammen durchkreuzt war, mit harten Fäusten und einer starken, polternden Stimme."

Hier hielt der Narr einen Augenblick inne, als fürchte er weiterzugehen, aber Raniero und den anderen machte es Spaß, von sich selbst sprechen zu hören, und sie lachten nur über seine Dreistigkeit.

„Du bist ein kecker Bursche", sagte Raniero, „lass uns nun sehen, wo du hinauswillst!"

„Endlich“, fuhr der Narr fort, „sagte unser Herr ein paar Worte, aus denen Sankt Petrus erriet, was der Grund seiner Freude war. Er fragte Sankt Petrus, ob er fehl sähe oder ob es wirklich so wäre, dass einer der Ritter ein brennendes Licht neben sich hätte.“

Raniero zuckte bei diesen Worten zusammen. Erst jetzt wurde er böse auf den Narren und streckte die Hand nach einem schweren Trinkhumpen aus, um ihn ihm ins Gesicht zu schleudern, aber er bezwang sich, um zu hören, ob der Bursche zu seiner Ehre oder zu seiner Schande sprechen wollte.

„Sankt Petrus sah nun“, erzählte der Narr, „dass das Zelt im Übrigen zwar mit Fackeln beleuchtet war, dass aber einer der Ritter wirklich eine brennende Wachskerze neben sich stehen hatte. Es war eine große dicke Kerze, eine Kerze, die bestimmt war, einen ganzen Tag und eine ganze Nacht zu brennen. Der Ritter, der keinen Leuchter hatte, worein er sie hätte stecken können, hatte eine ganze Menge Steine ringsherum aufgehäuft, damit das Licht stehen könnte.“

Die Tischgesellschaft brach bei diesen Worten in lautes Gelächter aus. Alle wiesen auf ein Licht, das neben Raniero auf dem Tische stand und ganz so aussah, wie der Narr es beschrieben hatte. Aber Raniero stieg das Blut zu Kopfe, denn dies war das Licht, das er vor ein paar Stunden am Heiligen Grabe hatte anzünden dürfen. Er hatte es nicht über sich gebracht, es auszulöschen.

„Als der heilige Petrus dieses Licht sah“, sagte der Narr, „wurde es ihm freilich klar, woran unser Herr seine Freude gehabt hatte, aber zugleich konnte er es nicht lassen, ihn ein wenig zu bemitleiden. ‚Ja so‘, sagte er, ‚das ist der Ritter, der heute Morgen hinter Herrn Gottfried von Bouillon auf die Mauer sprang und am Abend sein Licht vor allen anderen am Heiligen Grabe anzünden durfte.‘ – ‚Ja, so ist es‘, sagte unser Herr, ‚und wie du siehst, hat er sein Licht noch brennen.‘“

Der Narr sprach jetzt sehr rasch, während er ab und zu einen lauernden Blick auf Raniero warf: „Der heilige Petrus konnte es noch immer nicht lassen, unseren Herrn ein ganz klein wenig zu bemitleiden. ‚Verstehst du denn nicht, warum er dieses Licht brennen hat?‘, sagte er. ‚Du glaubst wohl, dass er an deine Qual und deinen Tod denke, wenn er es sieht. Aber er denkt an nichts anderes als an den Ruhm, den er errang, als er als der Tapferste im ganzen Heere nach Gottfried von Bouillon anerkannt wurde.‘“

Bei diesen Worten lachten alle Gäste Ranieros. Raniero war sehr zornig, aber er zwang sich, gleichfalls zu lachen. Er wusste, dass alle es lächerlich gefunden hätten, wenn er nicht ein bisschen Spaß vertragen hätte.
„Aber unser Herr widersprach dem heiligen Petrus“, sagte der Narr. „‚Siehst du nicht, wie ängstlich er um das Licht besorgt ist?‘, fragte er. ‚Er hält die Hand vor die Flamme, sobald jemand das Zelttuch lüftet, aus Furcht, dass die Zugluft es ausblasen könnte. Und er hat vollauf damit zu tun, die Nachtschmetterlinge zu verscheuchen, die herumfliegen und es zu verlöschen drohen.‘“
Es wurde immer herzlicher gelacht, denn was der Narr sagte, war die reine Wahrheit. Raniero fiel es immer schwerer, sich zu beherrschen. Es war ihm, als könne er es nicht ertragen, dass jemand mit der heiligen Lichtflamme seinen Scherz trieb.
„Der heilige Petrus war jedoch misstrauisch“, fuhr der Narr fort. „Er fragte unseren Herrn, ob er diesen Ritter kenne. ‚Er ist nicht gerade einer, der häufig zur Messe ginge oder den Betschemel abnützte‘, sagte er. Aber unser Herr ließ sich von seiner Meinung nicht abbringen. ‚Sankt Petrus, Sankt Petrus!‘, sagte er feierlich. ‚Merke dir, dass der Ritter hier fortan frommer werden wird als Gottfried! Von wo gehen Milde und Frömmigkeit aus, wenn nicht von meinem Grabe? Du wirst Raniero di Ranieri Witwen und Not leidenden Gefangenen zu Hilfe kommen sehen. Du wirst sehen, wie er Kranke und Betrübte in seine Hut nimmt, so wie er jetzt die heilige Lichtflamme hütet.‘“
Darüber erhob sich ein ungeheures Gelächter. Es erschien allen, die Ranieros Laune und Leben kannten, sehr spaßhaft. Aber ihm selbst waren der Scherz und das Gelächter ganz unleidlich. Er sprang auf und wollte den Narren zurechtweisen. Dabei stieß er so heftig an den Tisch, der nichts anderes war als eine auf lose Böcke gelegte Tür, dass er wackelte und das Licht umfiel. Es zeigte sich nun, wie sehr es Raniero am Herzen lag, das Licht brennend zu erhalten. Er dämpfte seinen Groll und nahm sich Zeit, das Licht aufzuheben und die Flamme anzufachen, bevor er sich auf den Narren stürzte. Aber als er mit dem Lichte fertig war, war der Narr schon aus dem Zelt geeilt, und Raniero sah ein, dass es nicht der Mühe lohne, ihn im nächtlichen Dunkel zu verfolgen. Ich treffe ihn wohl noch ein andermal, dachte er und setzte sich wieder.
Die Tischgäste hatten inzwischen weidlich gelacht, und einer von ihnen wollte den Spaß fortsetzen und wendete sich an Raniero. „Eins steht aber fest, Raniero, und

das ist, dass du diesmal der Madonna in Florenz nicht das Kostbarste schicken kannst, was du im Kampfe errungen hast“, sagte er.

Raniero fragte, warum er glaube, dass er diesmal seinem alten Brauche nicht treu bleiben würde.

„Aus keinem anderen Grunde“, sagte der Ritter, „als weil das Kostbarste, was du errungen hast, diese Lichtflamme ist, die du angesichts des ganzen Heeres in der heiligen Grabeskirche entzünden durftest. Und die nach Florenz zu schicken, wirst du wohl nicht imstande sein.“

Wieder lachten die anderen Ritter, aber Raniero war jetzt in einer Laune, dass er das Verwegenste unternommen hätte, nur um ihrem Gelächter ein Ende zu machen. Er fasste rasch seinen Entschluss, rief einen alten Waffenträger zu sich und sagte zu ihm: „Mache dich zu langer Fahrt bereit, Giovanni! Morgen sollst du mit dieser heiligen Lichtflamme nach Florenz ziehen.“

Aber der Waffenträger weigerte sich schlankweg, diesen Befehl auszuführen. „Dies ist etwas, was ich nicht auf mich nehmen will“, sagte er. „Wie sollte es möglich sein, mit einer Lichtflamme nach Florenz zu reiten? Sie würde erlöschen, ehe ich noch das Lager verlasse.“

Raniero fragte einen seiner Mannen nach dem anderen. Er erhielt von allen dieselbe Antwort. Sie schienen seinen Befehl kaum ernst zu nehmen.

Natürlich lachten die fremden Ritter, die seine Gäste waren, immer lauter und fröhlicher, je deutlicher es sich zeigte, dass keiner von den Mannen Ranieros Befehl ausführen wollte.

Raniero geriet in immer größere Erregung. Schließlich verlor er die Geduld und rief: „Diese Lichtflamme wird dennoch nach Florenz gebracht werden, und da kein anderer damit hinreiten will, werde ich es selbst tun.“

„Bedenke dich, bevor du so etwas versprichst!“, sagte ein Ritter. „Du reitest von einem Fürstentum fort!“

„Ich schwöre euch, dass ich diese Lichtflamme nach Florenz bringen werde!“, rief Raniero. „Ich werde tun, was kein anderer auf sich nehmen wollte.“

Der alte Waffenträger verteidigte sich: „Herr, für dich ist es ein anderes Ding. Du kannst ein großes Gefolge mitnehmen, aber mich wolltest du allein ausschicken.“

Raniero jedoch war ganz außer sich und überlegte seine Worte nicht. „Ich werde auch allein ziehen“, sagte er.

Aber damit hatte Raniero sein Ziel erreicht. Alle im Zelt hatten zu lachen aufgehört. Sie saßen erschrocken da und starrten ihn an.
„Warum lacht ihr nicht mehr?“, fragte Raniero. „Für einen tapferen Mann ist dies Beginnen wohl für nichts mehr zu achten als ein Kinderspiel.“

III

Am nächsten Morgen, bei Tagesgrauen, bestieg Raniero sein Pferd. Er trug die volle Rüstung, aber darüber hatte er einen groben Pilgermantel geworfen, damit das Eisenkleid von den Sonnenstrahlen nicht allzusehr erhitzt werde. Er war mit einem Schwert und einer Streitaxt bewaffnet und ritt ein gutes Pferd. Ein brennendes Licht hielt er in der Hand, und am Sattel hatte er ein paar große Bündel langer Wachskerzen befestigt, damit die Flamme nicht aus Mangel an Nahrung sterbe.
Raniero ritt langsam durch die überfüllte Zeltstraße, und so lange ging alles gut. Es war noch so früh, dass die Nebel, die aus den tiefen Tälern rings um Jerusalem aufgestiegen waren, sich nicht zerstreut hatten, und Raniero ritt wie durch eine weiße Nacht. Das ganze Lager schlief, und Raniero kam leicht an den Wachposten vorbei. Keiner von ihnen rief ihn an, denn durch den dichten Nebel konnten sie ihn nicht sehen, und auf den Wegen lag fußhoher Staub, der die Schritte des Pferdes unhörbar machte.
Raniero war bald aus dem Bereich des Lagers und schlug die Straße ein, die nach Joppe führte. Er hatte nun einen besseren Weg, aber er ritt noch immer ganz langsam der Lichtflamme wegen. Die brannte schlecht in dem dichten Nebel mit einem rötlichen zitternden Schein. Und immer wieder kamen große Insekten, die mit knatternden Flügelschlägen gerade ins Licht stürzten. Raniero hatte vollauf damit zu tun, es zu hüten, aber er war guten Mutes und meinte noch immer, dass

die Aufgabe, die er sich gestellt hätte, nicht schwerer wäre, als dass ein Kind sie bewältigen könnte.
Doch das Pferd ermüdete bei dem langsamen Trott und setzte sich in Trab. Da begann die Lichtflamme in der Zugluft zu zucken. Es half nichts, dass Raniero sie mit der Hand und mit dem Mantel zu schützen suchte. Er sah, dass sie ganz nahe daran war zu erlöschen.
Aber er war durchaus nicht gewillt, sein Vorhaben so bald aufzugeben. Er hielt das Pferd an und saß ein Weilchen still und grübelte. Schließlich sprang er aus dem Sattel und versuchte, sich rücklings daraufzusetzen, sodass er die Flamme mit seinem Körper vor Wind und Zug schützte. So gelang es ihm, sie brennend zu erhalten, aber er merkte jetzt, dass die Reise sich beschwerlicher gestalten würde, als er anfangs geglaubt hatte.
Als er die Berge, die Jerusalem umgeben, hinter sich gelassen hatte, hörte der Nebel auf. Er ritt nun durch die tiefste Einsamkeit. Es gab weder Menschen noch Häuser noch grüne Bäume oder Pflanzen, nur kahle Höhen.
Hier wurde Raniero von Räubern angefallen. Es war loses Gesindel, das dem Heer ohne Erlaubnis folgte und vom Rauben und Plündern lebte. Sie hatten hinter einem Hügel im Hinterhalt gelegen, und Raniero, der rücklings ritt, sah sie erst, als sie ihn schon umringt hatten und ihre Schwerter gegen ihn zückten.
Es waren etwa zwölf Männer, sie sahen recht jämmerlich aus und ritten auf erbärmlichen Pferden. Raniero sah gleich, dass es ihm nicht schwerfallen konnte, sich einen Weg durch die Schar zu bahnen und von dannen zu reiten. Aber er begriff, dass dies sich nicht tun ließe, ohne dass er das Licht von sich werfe. Und er wollte nach den stolzen Worten, die er heute Nacht gesprochen hatte, nicht so leicht von seinem Vorsatz abstehen.
Er sah daher keinen anderen Ausweg, als mit den Räubern ein Übereinkommen zu schließen. Er sagte, dass es ihnen, da er wohl bewaffnet sei und ein gutes Pferd reite, schwerfallen würde, ihn zu überwinden, wenn er sich verteidige. Aber da er durch ein Gelöbnis gebunden sei, wolle er ihnen keinen Widerstand leisten, sondern sie dürften ohne Kampf alles nehmen, was sie begehrten, wenn sie nur versprächen, sein Licht nicht auszulöschen.
Die Räuber hatten sich auf einen harten Strauß gefasst gemacht. Sie waren über Ranieros Vorschlag sehr erfreut und machten sich sogleich daran, ihn auszuplün-

dern. Sie nahmen ihm Rüstung und Ross, Waffen und Geld. Das Einzige, was sie ihm ließen, waren der grobe Mantel und die beiden Kerzenbündel. Sie hielten auch ehrlich ihr Versprechen, die Lichtflamme nicht zu löschen.

Einer von ihnen hatte sich auf Ranieros Pferd geschwungen. Als er merkte, wie gut es war, schien er ein wenig Mitleid mit dem Ritter zu empfinden. Er rief ihm zu: „Siehst du, wir wollen nicht gar zu hart gegen einen Christenmenschen sein. Du sollst mein altes Pferd haben, um darauf zu reiten."

Es war eine elende Schindmähre und bewegte sich so starr und steif, als wenn es aus Holz wäre.

Als die Räuber endlich verschwunden waren und Raniero daran ging, sich auf den elenden Klepper zu setzen, sagte er zu sich selbst: „Ich muss wohl von dieser Lichtflamme verhext sein. Um ihretwillen reite ich nun wie ein toller Bettler meinen Weg."

Er sah ein, dass es das Klügste gewesen wäre umzukehren, weil das Vorhaben wirklich unausführbar war. Aber ein so heftiges Verlangen, es zu vollbringen, war über ihn gekommen, dass er der Lust nicht widerstehen konnte auszuharren.

Er zog also weiter. Noch immer sah er dieselben kahlen, lichtgelben Höhen um sich. Nach einer Weile ritt er an einem jungen Hirten vorbei, der vier Ziegen hütete. Als Raniero die Tiere auf dem nackten Boden weiden sah, fragte er sich, ob sie wohl Erde äßen.

Dieser Hirte hatte wahrscheinlich früher eine größere Herde besessen, die ihm von den Kreuzfahrern gestohlen worden war. Als er nun einen einsamen Christen heranreiten sah, suchte er ihm alles böse zu tun, was er nur konnte. Er stürzte auf ihn zu und schlug mit einem Stab nach seinem Lichte. Raniero war von der Lichtflamme so gefesselt, dass er sich nicht einmal gegen einen Hirten verteidigen konnte. Er zog nur das Licht an sich, um es zu schützen. Der Hirte schlug noch ein paarmal danach, aber dann blieb er erstaunt stehen und hörte zu schlagen auf. Er sah, dass Ranieros Mantel in Brand geraten war, aber Raniero tat nichts, um das Feuer zu ersticken, solange die Lichtflamme in Gefahr war. Man sah es dem Hirten an, dass er sich schämte. Er folgte Raniero lange nach, und an einer Stelle, wo der Weg sehr schmal an zwei Abgründen vorüberging, kam er heran und führte sein Pferd.

Raniero lächelte und dachte, dass der Hirte ihn sicherlich für einen heiligen Mann halte, der eine Bußübung vornehme.

Gegen Abend begannen Raniero Menschen entgegenzukommen. Es war nämlich so, dass das Gerücht vom Fall Jerusalems sich schon während der Nacht die Küste entlang verbreitet hatte, und eine Menge Leute hatten sich sogleich bereit gemacht hinzuziehen. Es waren Pilger, die schon jahrelang auf die Gelegenheit warteten, Jerusalem zu betreten, es waren nachgesendete Truppen, und vor allem waren es Kaufleute, die mit Wagenladungen von Lebensmitteln hineilten.

Als diese Scharen Raniero begegneten, der rücklings mit einem brennenden Lichte in der Hand geritten kam, riefen sie: „Ein Toller, ein Toller!"

Die meisten waren Italiener, und Raniero hörte, wie sie in seiner eigenen Zunge riefen: „Pazzo, pazzo!", was: „Ein Toller, ein Toller!" bedeutet.

Raniero, der sich den ganzen Tag so wohl im Zaum zu halten verstanden hatte, wurde durch diese sich stets wiederholenden Rufe heftig gereizt. Mit einem Male sprang er aus dem Sattel und begann mit seinen harten Fäusten die Rufenden zu züchtigen. Als die Leute merkten, wie schwer die Schläge waren, die da fielen, entstand eine allgemeine Flucht, und er stand bald allein auf dem Wege.

Nun kam Raniero wieder zu sich selbst. „Wahrlich, sie hatten recht, als sie dich einen Tollen nannten", sagte er, indem er sich nach dem Lichte umsah, denn er wusste nicht, was er damit angefangen hatte. Endlich sah er, dass es vom Wege in einen Graben gekollert war. Die Flamme war erloschen, aber er sah Feuer in einem trocknen Grasbüschel dicht daneben glimmen und begriff, dass das Glück ihn nicht verlassen hatte, denn das Licht musste das Gras in Brand gesetzt haben, bevor es erloschen war.

„Dies hätte leicht ein trauriges Ende großer Mühsal werden können", dachte er, während er das Licht entzündete und sich wieder in den Sattel schwang. Er fühlte sich recht gedemütigt. Es kam ihm jetzt nicht sehr wahrscheinlich vor, dass seine Fahrt gelingen würde.

Gegen Abend kam Raniero nach Ramle und ritt dort zu einem Hause, wo Karawanen Herberge für die Nacht zu suchen pflegten. Es war ein großer überbauter Hof. Ringsum waren kleine Verschläge, wo die Reisenden ihre Pferde einstellen konnten. Es gab keine Stuben, sondern die Menschen schliefen neben den Tieren.

Es war schon eine große Menschenmenge da, aber der Wirt schaffte doch Raum für Raniero und sein Pferd. Er gab auch dem Pferde Futter und dem Reiter Nahrung.

Als Raniero merkte, dass er so gut behandelt wurde, dachte er: „Ich fange fast zu glauben an, dass die Räuber mir einen Dienst erwiesen haben, als sie mir meine Rüstung und mein Pferd raubten. Sicherlich komme ich mit meiner Bürde leichter durchs Land, wenn man mich für einen Wahnsinnigen hält."

Als Raniero das Pferd in den Stand geführt hatte, setzte er sich auf ein Bund Stroh und behielt das Licht in den Händen. Es war seine Absicht, nicht zu schlafen, sondern die ganze Nacht wach zu bleiben.

Doch kaum hatte sich Raniero niedergesetzt, als er auch schon einschlummerte. Er war furchtbar müde, er streckte sich im Schlafe aus, so lang er war, und schlief bis zum Morgen.

Als er erwachte, sah er weder die Lichtflamme noch die Kerze. Er suchte im Stroh danach, aber fand sie nirgends.

„Jemand wird sie mir weggenommen und ausgelöscht haben", sagte er. Und er versuchte zu glauben, dass er sich freue, weil alles aus war und er ein unmögliches Vorhaben nicht zu verfolgen brauchte.

Aber während er so dachte, empfand er zugleich eine innere Leere und Trauer. Es war ihm, als hätte er sich das Gelingen eines Vorsatzes nie sehnlicher gewünscht als eben diesmal.

Er führte das Pferd aus dem Stande, striegelte es und legte den Sattel auf.

Als er fertig war, kam der Wirt, dem die Karawanserei gehörte, mit einem brennenden Lichte auf ihn zu. Er sagte auf Fränkisch: „Ich musste dir gestern dein Licht nehmen, als du einschliefst, aber hier hast du es wieder."

Raniero ließ sich nichts anmerken, sondern sagte ganz gelassen: „Es war klug von dir, dass du es ausgelöscht hast."

„Ich habe es nicht ausgelöscht", sagte der Mann. „Ich sah, dass du es brennen hattest, als du kamst, und ich glaubte, es sei von Gewicht für dich, dass es weiterbrenne. Wenn du siehst, um wie viel es sich verringert hat, wirst du begreifen, dass es die ganze Nacht gebrannt hat."

Raniero strahlte vor Freude. Er rühmte den Wirt sehr und ritt in bester Laune weiter.

IV

Als Raniero von Jerusalem aufbrach, hatte er den Seeweg von Joppe nach Italien nehmen wollen. Aber er änderte diesen Entschluss, als die Räuber ihn um sein Geld plünderten, und beschloss, über Land zu ziehen.

Es war eine lange Reise. Er zog von Joppe nördlich, der Küste Syriens entlang. Dann ging die Fahrt nach Westen längs der Halbinsel von Kleinasien. Dann wieder nördlich bis hinauf nach Konstantinopel. Und von dort hatte er noch eine ansehnliche Strecke Wegs bis Florenz.

Während dieser ganzen Zeit lebte Raniero von frommen Gaben. Meistens waren es die Pilger, die nun in Massen nach Jerusalem strömten, die ihr Brot mit ihm teilten.

Obgleich Raniero fast immer allein ritt, waren seine Tage weder lang noch einförmig. Er hatte allezeit die Lichtflamme zu hüten und konnte sich um ihretwillen niemals ruhig fühlen. Es brauchte nur ein Wind, nur ein Regentropfen zu kommen, und es war um sie geschehen.

Während Raniero einsame Wege ritt und nur daran dachte, die Lichtflamme am Leben zu erhalten, kam es ihm in den Sinn, dass er schon einmal zuvor etwas Ähnliches erlebt hatte. Er hatte schon einmal zuvor einen Menschen über etwas wachen sehen, was ebenso verletzlich war wie eine Lichtflamme.

Dies schwebte ihm anfangs so undeutlich vor, dass er nicht recht wusste, ob es etwas war, was er geträumt hätte.

Aber während er einsam durch das Land zog, kam der Gedanke, dass er schon einmal etwas Ähnliches miterlebt habe, unablässig wieder.

„Es ist, als hätte ich mein ganzes Leben lang von nichts anderem gehört“, sagte er.

Eines Abends ritt Raniero in eine Stadt ein. Es dunkelte, und die Frauen standen in den Türen und schauten nach ihren Männern aus. Da sah Raniero eine, die hoch und schlank war und ernste Augen hatte. Sie erinnerte ihn an Francesca degli Uberti.

In demselben Augenblick gelangte Raniero zur Klarheit, worüber er nachgegrübelt hatte. Er dachte, dass für Francesca ihre Liebe sicherlich wie eine Lichtflamme gewesen war, die sie immer brennend hatte erhalten wollen und von der sie stets gefürchtet hatte, dass Raniero sie verlöschen würde. Er wunderte sich über diesen Gedanken, aber immer mehr ward es ihm zur Gewissheit, dass es sich so verhielt. Zum ersten Male begann er zu verstehen, warum Francesca ihn verlassen hatte und dass er sie nicht durch Waffentaten wiedererobern konnte.

Ranieros Reise wurde sehr langwierig. Und dies nicht zum wenigsten darum, weil er sie nicht fortsetzen konnte, wenn das Wetter ungünstig war. Dann saß er in der Karawanserei und bewachte die Lichtflamme. Das waren sehr harte Tage.

Eines Tages, als Raniero über den Berg Libanon ritt, sah er, dass sich die Wolken zu einem Unwetter zusammenzogen. Er war da hoch oben zwischen furchtbaren Klüften und Abstürzen, fern von allen menschlichen Behausungen. Endlich erblickte er auf einer Felsspitze ein sarazenisches Heiligengrab. Es war ein kleiner viereckiger Steinbau mit gewölbtem Dach. Es schien ihm am besten, seine Zuflucht dorthin zu nehmen.

Kaum war Raniero hineingekommen, als ein Schneesturm losbrach, der zwei Tage raste. Zugleich kam eine so furchtbare Kälte, dass er nahe daran war zu erfrieren. Raniero wusste, dass es draußen auf dem Berge genug Zweige und Reisig gab, sodass es ein Leichtes für ihn gewesen wäre, Brennstoff zu einem Feuer zu sammeln. Allein er hielt die Lichtflamme, die er trug, sehr heilig und wollte mit ihr nichts anderes entzünden als die Lichter vor dem Altar der Heiligen Jungfrau.

Das Unwetter wurde immer ärger, und schließlich hörte er heftiges Donnern und sah Blitze.

Und ein Blitz schlug auf dem Berge dicht vor dem Grabe ein und entzündete einen Baum. Und so hatte Raniero eine Flamme, ohne dass er das heilige Feuer anzutasten brauchte.

Als Raniero durch einen öden Teil der Berggegend von Zilizien ritt, ging sein Licht zur Neige. Die Kerzenbündel, die er von Jerusalem mitgebracht hatte, waren längst aufgebraucht, aber er hatte sich doch weiterhelfen können, weil auf dem

ganzen Wege christliche Gemeinden gewesen waren, wo er sich neue Lichter erbetteln konnte.
Aber nun war sein Vorrat zu Ende, und er glaubte, dass dies das Ende seiner Fahrt sein würde.
Als das Licht so tief herabgebrannt war, dass die Flamme seine Hand versengte, sprang er vom Pferd, sammelte Reisig und trockenes Gras und entzündete dies mit dem letzten Überbleibsel der Flamme. Aber auf dem Berg fand sich nicht viel, was brennen konnte, und das Feuer musste bald verlöschen.
Wie Raniero so saß und sich darüber betrübte, dass die heilige Flamme sterben musste, hörte er vom Wege her Gesang, und eine Prozession von Wallfahrern kam mit Kerzen in den Händen den Pfad herangezogen. Sie waren auf dem Wege zu einer Grotte, in der ein heiliger Mann gelebt hatte, und Raniero schloss sich ihnen an. Unter ihnen befand sich auch eine Frau, die alt war und nur schwer gehen konnte, und Raniero half ihr und schleppte sie den Berg hinauf.
Als sie ihm dann dankte, machte er ihr ein Zeichen, dass sie ihm ihre Kerze geben möge. Und sie tat es, und auch mehrere andere schenkten ihm die Kerzen, die sie trugen.
Er löschte die Lichter und eilte den Pfad hinunter und entzündete eines von ihnen an der letzten Glut des Feuers, das von der heiligen Flamme entzündet war.

Einmal um die Mittagstunde war es sehr heiß, und Raniero hatte sich in ein Gebüsch schlafen gelegt. Er schlief tief, und das Licht stand zwischen ein paar Steinen neben ihm. Aber als Raniero ein Weilchen geschlafen hatte, begann es zu regnen, und dies dauerte ziemlich lange an, ohne dass er erwachte. Als er endlich aus dem Schlummer auffuhr, war der Boden ringsum ihn nass, und er wagte kaum zu dem Lichte hinzusehen aus Furcht, dass es erloschen sein könnte. Aber das Licht brannte still und ruhig mitten im Regen, und Raniero sah, dass dies daher kam, dass zwei kleine Vögelchen über der Flamme flogen und flatterten. Sie schnäbelten sich und hielten die Flügel ausgebreitet, und so hatten sie die Lichtflamme vor dem Regen geschützt.
Raniero nahm sogleich seine Kapuze ab und hing sie über das Licht. Dann streckte er die Hand nach den kleinen Vögeln aus, denn er hatte Lust, sie zu liebkosen.

Und sieh da, keiner von ihnen flog von ihm fort, sondern er konnte sie einfangen. Raniero staunte sehr, dass die Vögel keine Angst vor ihm hatten. Aber er dachte: Das kommt daher, dass sie wissen, dass ich keinen anderen Gedanken habe, als das zu schützen, was das Schutzbedürftigste ist, darum fürchten sie mich nicht.

Raniero ritt in der Nähe von Nicea. Da begegnete er ein paar abendländischen Rittern, die ein Entsatzheer ins Heilige Land führten. In dieser Schar befand sich auch Robert Taillefer, der ein wandernder Ritter und Troubadour war.
Raniero kam in seinem fadenscheinigen Mantel mit dem Lichte in der Hand herangeritten, und die Krieger begannen wie gewöhnlich zu rufen: „Ein Toller, ein Toller!“ Aber Robert hieß sie schweigen und sprach den Reiter an:
„Bist du lange so gezogen?“, fragte er ihn.
„Ich bin so von Jerusalem hergeritten“, antwortete Raniero.
„Ist dein Licht unterwegs nicht oftmals erloschen?“
„An meiner Kerze brennt noch dieselbe Flamme, wie da ich von Jerusalem auszog“, sagte Raniero.
Da sprach Robert Taillefer zu ihm: „Ich bin auch einer von denen, die eine Flamme tragen, und ich wollte, dass sie ewig brennen könnte. Aber vielleicht kannst du, der du dein Licht brennend von Jerusalem hergebracht hast, mir sagen, was ich tun soll, auf dass sie nicht erlösche.“
Da erwiderte Raniero: „Herr, das ist ein schweres Beginnen, obgleich es von geringem Gewicht scheint. Ich will Euch wahrlich nicht zu solch einem Vorhaben raten. Denn diese kleine Flamme verlangt von Euch, dass Ihr ganz aufhört, an etwas anderes zu denken. Sie gestattet Euch nicht, eine Liebste zu haben, falls Ihr zu derlei geneigt sein solltet, auch dürft Ihr es um dieser Flamme willen nicht wagen, Euch bei einem Trinkgelage niederzulassen. Ihr dürft nichts anderes im Sinne haben als eben diese Flamme, und keine andere Freude darf Euch eigen sein. Aber warum ich Euch vor allem abrate, dieselbe Fahrt zu tun, die ich nun versucht habe, das ist, weil Ihr Euch keinen Augenblick sicher fühlen könnt. Aus wie vielen Gefahren Ihr auch die Flamme gerettet haben mögt, Ihr dürft Euch doch keinen Augenblick geborgen wähnen, sondern Ihr müsst darauf gefasst sein, dass sie Euch im nächsten Augenblick entrissen werde.“

Aber Robert Taillefer warf den Kopf stolz zurück und sagte: „Was du für deine Lichtflamme getan hast, das werde ich auch für die meine zu tun wissen."

Raniero war nach Italien gekommen. Er ritt eines Tages auf einsamen Pfaden durch das Gebirge. Da kam ihm eine Frau nachgeeilt und bat ihn um Feuer von seinem Lichte. „Bei mir ist das Feuer erloschen", sagte sie, „meine Kinder hungern. Leihe mir Feuer, damit ich meinen Ofen wärmen und ihnen Brot backen kann!" Sie streckte die Hand nach dem Lichte aus, aber Raniero entzog es ihr, weil er nicht zulassen wollte, dass etwas anderes an dieser Flamme entzündet werde als die Lichter vor dem Bilde der Heiligen Jungfrau.

Da sagte die Frau zu ihm: „Gib mir Feuer, Pilger, denn meiner Kinder Leben ist die Flamme, die brennend zu bewahren mir auferlegt ist!" Und um dieser Worte willen ließ Raniero sie den Docht ihrer Lampe an seiner Flamme entzünden.

Einige Stunden später ritt Raniero in ein Dorf. Es lag hoch oben auf dem Berg, sodass bittere Kälte dort herrschte. Ein junger Bauer stand am Wege und sah den armen Mann, der in seinem fadenscheinigen Rocke geritten kam. Rasch nahm er den kurzen Mantel ab, den er trug, und warf ihn dem Reiter zu. Aber der Mantel fiel gerade auf das Licht und löschte die Flamme.

Da erinnerte sich Raniero an die Frau, die Feuer von ihm geliehen hatte. Er kehrte zu ihr zurück und entzündete sein Licht wiederum mit heiligem Feuer.

Als er weiterreiten wollte, sagte er zu ihr: „Du sagst, die Lichtflamme, die du zu hüten hast, sei das Leben deiner Kinder. Kannst du mir sagen, welchen Namen die Lichtflamme trägt, die ich so weither bringe?"

„Wo wurde deine Lichtflamme entzündet?", fragte die Frau.

„Sie wurde an Christi Grab entzündet."

„Dann kann sie wohl nicht anders heißen als Milde und Menschenliebe", sagte sie.

Raniero musste über die Antwort lachen. Er fand sich einen seltsamen Apostel für solche Tugenden.

Raniero ritt zwischen blauen Hügeln von schöner Gestalt. Er sah, dass er sich in der Nähe von Florenz befand.

Er dachte daran, dass er nun bald von der Lichtflamme befreit sein würde. Er erinnerte sich an sein Zelt in Jerusalem, das er voll Kriegsbeute zurückgelassen hatte, und an die tapferen Krieger, die er noch in Palästina hatte und die sich freuen würden, wenn er das Kriegerhandwerk wieder aufnähme und sie zu Siegen und Eroberungen führte.

Da merkte Raniero, dass er keineswegs Freude empfand, wenn er daran dachte, sondern dass seine Gedanken lieber eine andere Richtung nahmen.

Raniero sah zum ersten Male ein, dass er nicht mehr derselbe Mann war, als der er Jerusalem verlassen hatte. Dieser Ritt mit der Lichtflamme hatte ihn gezwungen, sich an allen zu freuen, die friedfertig und klug und barmherzig waren, und die Wilden und Streitsüchtigen zu verabscheuen.

Er wurde jedes Mal froh, wenn er an Menschen dachte, die friedlich inihrem Heim arbeiteten, und es ging ihm durch den Sinn, dass er gern in seine alte Werkstatt in Florenz einziehen und schöne, kunstreiche Arbeit verfertigen wolle.

„Wahrlich, diese Flamme hat mich umgewandelt“, dachte er. „Ich glaube, sie hat einen anderen Menschen aus mir gemacht.“

V

Es war Ostern, als Raniero in Florenz einritt.

Kaum war er durch das Stadttor gekommen, rücklings reitend, die Kapuze über das Gesicht gezogen und das brennende Licht in der Hand, als auch schon ein Bettler aufsprang und das gewohnte: „Pazzo, pazzo!“ rief.

Auf diesen Ruf stürzte ein Gassenjunge aus einem Torweg, und ein Tagedieb, der die längste Zeit nichts anderes zu tun gehabt hatte, als dazuliegen und den Himmel anzugucken, sprang auf seine Füße. Und beide begannen dasselbe zu rufen: „Pazzo, pazzo!“

Da ihrer nun drei waren, die schrien, so machten sie Lärm genug, um alle Burschen aus der ganzen Straße aufzuscheuchen. Diese kamen aus Ecken und Winkeln herbeigestürzt, und sowie sie Raniero in seinem fadenscheinigen Mantel auf seinem elenden Klepper gewahrten, riefen sie: „Pazzo, pazzo!"
Aber dies war nichts anderes, als woran Raniero schon gewöhnt war. Er ritt still durch die Gasse, ohne die Schreier zu beachten.
Sie begnügten sich jedoch nicht damit zu rufen, sondern einer von ihnen sprang in die Höhe und versuchte das Licht auszublasen.
Raniero hob das Licht empor. Zugleich versuchte er, das Pferd anzutreiben, um den Jungen zu entkommen.
Doch die hielten gleichen Schritt mit ihm und taten alles, was sie konnten, um das Licht auszulöschen.
Je mehr Raniero sich anstrengte, die Flamme zu behüten, desto eifriger wurden sie. Sie sprangen einander auf den Rücken, sie bliesen die Backen auf und pusteten. Sie warfen ihre Mützen nach dem Licht. Nur weil ihrer so viele waren und sie einander wegdrängten, gelang es ihnen nicht, die Lichtflamme zu töten.
Auf der Gasse herrschte das fröhlichste Treiben. An den Fenstern standen Leute und lachten. Niemand fühlte Mitleid mit dem Verrückten, der seine Lichtflamme verteidigen wollte. Es war Kirchenzeit, und viele Kirchenbesucher waren auf dem Wege zur Messe. Auch sie blieben stehen und lachten über den Spaß.
Aber nun stand Raniero aufrecht im Sattel, um das Licht zu bergen. Er sah wild aus. Die Kapuze war hinabgesunken, und man sah sein Gesicht, das bleich und abgezehrt war wie das eines Märtyrers. Das Licht hielt er erhoben, so hoch er vermochte.
Die ganze Gasse war ein einziges Gewühl. Auch die Eltern begannen an dem Spiel teilzunehmen. Die Frauen wehten mit ihren Kopftüchern, und die Männer schwenkten die Barette. Alle arbeiteten daran, das Licht zu verlöschen.
Raniero ritt nun an einem Hause vorbei, das einen Altan hatte. In diesem stand eine Frau. Sie beugte sich über das Geländer, riss das Licht an sich und eilte damit hinein.
Das ganze Volk brach in schallendes Gelächter und Jubel aus, aber Raniero wankte im Sattel und stürzte auf die Straße.

Aber wie er da ohnmächtig und geschlagen lag, wurde die Straße sogleich menschenleer.
Keiner wollte sich des Gefallenen annehmen. Sein Pferd allein blieb neben ihm stehen.
Sowie die Volksmenge sich von der Straße zurückgezogen hatte, kam Francesca degli Uberti mit einem brennenden Lichte in der Hand aus ihrem Hause. Sie war noch schön, ihre Züge waren sanft, und ihre Augen ernst und tief.
Sie ging auf Raniero zu und beugte sich über ihn. Raniero lag bewusstlos, aber in dem Augenblick, in dem der Lichtschein auf sein Antlitz fiel, machte er eine Bewegung und fuhr auf.
Es sah aus, als ob die Lichtflamme alle Macht über ihn hätte. Als Francesca sah, dass er zur Besinnung erwacht war, sagte sie: „Hier hast du dein Licht. Ich entriss es dir, weil ich sah, wie sehr es dir am Herzen lag, es brennend zu erhalten. Ich wusste keinen anderen Weg, um dir zu helfen."
Raniero hatte sich beim Fallen übel zugerichtet. Aber nun konnte niemand ihn halten. Er begann sich langsam aufzurichten. Er wollte gehen, schwankte aber und war nahe daran, wieder zu fallen. Da versuchte er sein Pferd zu besteigen. Francesca half ihm. „Wo willst du hin?", fragte sie, als er wieder im Sattel saß. „Ich will zur Domkirche", sagte er. „Dann will ich dich geleiten", sagte sie, „denn ich gehe zur Messe." Und sie nahm den Zügel und führte sein Pferd.
Francesca hatte Raniero vom ersten Augenblick an erkannt. Aber Raniero sah nicht, wer sie war, denn er gönnte sich nicht die Zeit, sie zu betrachten. Er hielt den Blick nur auf die Lichtflamme geheftet.
Auf dem Wege sprachen sie kein Wort. Raniero dachte nur an die Lichtflamme, daran, sie in diesen letzten Augenblicken wohl zu hüten. Francesca konnte nicht sprechen, weil sie nicht klaren Bescheid über das haben wollte, was sie fürchtete. Sie konnte nichts anderes glauben, als dass Raniero wahnsinnig heimgekommen wäre. Aber obgleich sie beinahe davon überzeugt war, wollte sie doch lieber nicht mit ihm sprechen, um nicht volle Gewissheit zu erlangen.
Nach einer Weile hörte Raniero, wie jemand neben ihm weinte. Er sah sich um und merkte, dass es Francesca degli Uberti war, die neben ihm ging, und wie sie so ging, weinte sie. Aber Raniero sah sie nur einen Augenblick und sagte nichts zu ihr. Er wollte nur an die Lichtflamme denken.

Raniero ließ sich zur Sakristei führen. Da stieg er vom Pferd. Er dankte Francesca für ihre Hilfe, sah aber noch immer nicht sie an, sondern das Licht. Er ging allein in die Sakristei zu den Geistlichen.

Francesca trat in die Kirche. Es war Karsamstagabend, und alle Lichter in der Kirche standen unentzündet auf ihren Altären zum Zeichen der Trauer. Francesca schien es, dass auch bei ihr jede Flamme der Hoffnung, die einst in ihr gebrannt hatte, erloschen wäre.

In der Kirche ging es sehr feierlich zu. Vor dem Altar standen viele Priester. Zahlreiche Domherren saßen im Chore und der Bischof zuoberst unter ihnen.

Nach einer Weile merkte Francesca, dass unter den Geistlichen eine Bewegung entstand. Beinahe alle, die nicht bei der Messe anwesend sein mussten, erhoben sich und gingen in die Sakristei. Schließlich ging auch der Bischof.

Als die Messe zu Ende war, betrat ein Geistlicher den Chor und begann zum Volke zu sprechen. Er erzählte, dass Raniero di Ranieri mit heiligem Feuer aus Jerusalem nach Florenz gekommen war. Er erzählte, was der Ritter auf dem Wege geduldet und erlitten hatte. Und er pries ihn über alle Maßen.

Die Menschen saßen staunend da und hörten dies. Francesca hatte nie eine so selige Stunde erlebt. „Oh, Gott“, seufzte sie, „dies ist mehr Glück, als ich tragen kann.“ Ihre Tränen strömten, während sie lauschte.

Der Priester sprach lange und beredt. Zum Schluss sagte er mit mächtiger Stimme: „Nun kann es gewisslich eine geringe Sache scheinen, dass eine Lichtflamme hierher nach Florenz gebracht wurde. Aber ich sage euch: Betet zu Gott, dass er Florenz viele Träger des ewigen Feuers schenke, dann wird es eine große Macht werden und gebenedeit unter den Städten!“

Als der Priester zu Ende gesprochen hatte, wurden die Haupttore der Domkirche weit geöffnet, und eine Prozession, so gut sie sich in aller Eile hatte ordnen können, zog herein. Da gingen Domherren und Mönche und Geistliche, und sie zogen durch den Mittelgang zum Altar. Zu allerletzt ging der Bischof und an seiner Seite Raniero in demselben Mantel, den er auf dem ganzen Wege getragen hatte.

Aber als Raniero über die Schwelle der Kirche trat, stand ein alter Mann auf und ging auf ihn zu. Es war Oddo, der Vater eines Gesellen, den Raniero in seiner Werkstatt gehabt hatte und der sich um seinetwillen erhängt hatte.

Als dieser Mann zum Bischof und zu Raniero gekommen war, neigte er sich vor ihnen. Hierauf sagte er mit so lauter Stimme, dass alle in der Kirche ihn hörten: „Es ist eine große Sache für Florenz, dass Raniero mit heiligem Feuer von Jerusalem gekommen ist. Solches ist nie zuvor vernommen worden. Vielleicht dass darum auch manche sagen werden, es sei unmöglich. Darum bitte ich, dass man das ganze Volk wissen lasse, welche Beweise und Zeugen Raniero dafür gebracht hat, dass dies wirklich Feuer ist, das in Jerusalem entzündet wurde."
Als Raniero diese Worte vernahm, sagte er: „Nun helfe mir Gott. Wie könnte ich Zeugen haben? Ich habe den Weg allein gemacht. Wüsten und Wildnisse mögen kommen und für mich zeugen."
„Raniero ist ein ehrlicher Ritter", sagte der Bischof, „und wir glauben ihm auf sein Wort."
„Raniero hätte wohl selbst wissen können, dass hierüber Zweifel entstehen würden", sagte Oddo. „Er wird wohl nicht ganz allein geritten sein. Seine Knappen können wohl für ihn zeugen."
Da trat Francesca degli Uberti aus der Volksmenge und eilte auf Ranierozu. „Was braucht es Zeugen?", rief sie. „Alle Frauen von Florenz wollen einen Eid darauf ablegen, dass Raniero die Wahrheit spricht."
Da lächelte Raniero, und sein Gesicht erhellte sich für einen Augenblick. Aber dann wendete er seine Blicke und seine Gedanken wieder der Lichtflamme zu.
In der Kirche entstand ein großer Aufruhr. Einige sagten, dass Raniero die Lichter auf dem Altar nicht entzünden dürfe, ehe seine Sache bewiesen war. Zu diesen gesellten sich viele seiner alten Feinde.
Da erhob sich Jacopo degli Uberti und sprach für Ranieros Sache. „Ich denke, dass alle hier wissen, dass zwischen mir und meinem Eidam nicht allzu große Freundschaft geherrscht hat", sagte er, „aber jetzt wollen sowohl ich wie meine Söhne uns für ihn verbürgen. Wir glauben, dass er die Tat vollbracht hat, und wir wissen, dass der, der es vermocht hat, ein solches Unternehmen auszuführen, ein weiser, behutsamer und edel gesinnter Mann ist, den wir uns freuen, in unserer Mitte aufzunehmen."
Aber Oddo und viele andere waren nicht gesonnen, Raniero das Glück, das er erstrebte, zu gönnen. Sie sammelten sich in einem dichten Haufen, und es war leicht zu sehen, dass sie von ihrer Forderung nicht abstehen wollten.

Raniero begriff, dass sie, wenn es nun zum Kampfe käme, sie gleich versuchen würden, nach der Lichtflamme zu trachten. Während er die Blicke fest auf seine Widersacher geheftet hielt, hob er das Licht so hoch empor, als er nur konnte.
Er sah todmüde und verzweifelt aus. Man sah ihm an, dass er, wenn er auch so lange wie möglich aushalten wollte, doch nur eine Niederlage erwartete. Was frommte es ihm nun, wenn er die Flamme entzünden dürfte! Oddos Worte waren ein Todesstreich gewesen. Wenn der Zweifel einmal geweckt war, dann musste er sich verbreiten und wachsen. Es schien ihm, dass Oddo schon die Lichtflamme für alle Zeit gelöscht hätte.
Ein kleines Vöglein flatterte durch die großen geöffneten Tore in die Kirche. Es flog geradewegs auf Ranieros Licht zu. Dieser konnte es nicht so rasch zurückziehen, der Vogel stieß daran und löschte die Flamme.
Ranieros Arm sank herunter, und die Tränen traten ihm in die Augen. Aber im ersten Augenblick empfand er dies als eine Erleichterung. Es war besser, als dass Menschen sie getötet hätten.
Das kleine Vöglein setzte seinen Flug in der Kirche fort, verwirrt hin und her flatternd, wie Vögel zu tun pflegen, wenn sie in einen geschlossenen Raum kommen.
Da brauste mit einem Male durch die ganze Kirche der laute Ruf: „Der Vogel brennt! Die heilige Lichtflamme hat seine Flügel entzündet!“
Der kleine Vogel piepste ängstlich. Er flog ein paar Augenblicke wie eine flatternde Flamme unter den hohen Wölbungen des Chors umher. Dann sank er rasch und fiel tot vor dem Altar der Madonna nieder.
Aber in demselben Augenblick, wo der Vogel auf den Altar niederfiel, stand Raniero da. Er hatte sich einen Weg durch die Kirche gebahnt, nichts hatte ihn halten können. Und an den Flammen, die die Schwingen des Vogels verzehrten, entzündete er die Kerzen vor dem Altar der Heiligen Jungfrau.
Da erhob der Bischof seinen Stab und rief: „Gott wollte es! Gott hat für ihn gezeugt!“
Und alles Volk in der Kirche, seine Freunde wie seine Widersacher, hörten auf zu zweifeln und zu staunen. Sie riefen alle, von Gottes Wunder hingerissen: „Gott wollte es! Gott hat für ihn gezeugt!“

Von Raniero ist noch zu berichten, dass er von da an sein Leben lang großes Glück genoss und weise, behutsam und barmherzig war. Aber das Volk von Florenz nannte ihn immer Pazzo di Raniero zur Erinnerung daran, dass man ihn für toll gehalten hatte. Und dies ward ein Ehrentitel für ihn. Er gründete ein edles Geschlecht, und dieses nahm den Namen Pazzo an, und so nennt es sich noch heute.

Es mag weiter berichtet werden, dass es in Florenz Sitte wurde, jedes Jahr am Karsamstagabend ein Fest zur Erinnerung an Ranieros Heimkunft mit dem heiligen Feuer zu feiern, und dass man dabei immer einen künstlichen Vogel mit Feuer durch den Dom fliegen lässt. Und so wird dieses Fest wohl auch noch in diesem Jahre begangen worden sein, wenn nicht ganz vor Kurzem eine Änderung eingetreten ist.

Aber ob es wahr ist, wie viele meinen, dass die Träger heiligen Feuers, die in Florenz gelebt und die Stadt zu einer der herrlichsten der Erde gemacht haben, ihr Vorbild in Raniero fanden und dadurch ermutigt wurden zu opfern, zu leiden und auszuharren, dies mag hier offenbleiben.

Denn was von dem Licht bewirkt wurde, das in dunkeln Zeiten von Jerusalem ausgegangen ist, lässt sich weder messen noch zählen.